打造屬於自己的成功符號

實用
符印魔法

Practical Sigil Magic

UD 弟兄〈Frater U∴D∴〉

推薦文

本書非常有用，僅藉寥寥數頁而達至三個關鍵目的。

首先，它為奧斯汀・歐斯曼・斯貝爾（Austin Osman Spare）的系統提供很了好的基本介紹，並為其在西方魔法思維的地位做出正確的解釋。

其次，它對數種非常實用的魔法技術做出簡單易懂的描述，還將斯貝爾的工作成果更進一步地延伸出去，並包含一些最為先進的發展。

最後，本書對於該主題的討論相當具有知性，因此會激發人們反覆思索魔法、魔法操作及相關原理，即使魔法師對斯貝爾魔法或符印魔法沒有明顯興趣也不例外。

敝人期待看到 Frater U∴D∴ 的後續著作，因其作品反映出一些真正重要的事物：若用占星術語來說，他似乎能將英國魔法思維的「基本性質」與德國魔法應用的「固定性質」結合在一起，最後創造出一股活躍、多產，且一直在流動——也就是「變動」——的魔法電流。

——萊恩諾・斯內爾（Lionel Snell），
然姆賽・杜克斯（Ramsey Dukes）為其筆名之一
《雷啼》（*Thundersqueak*）作者

Frater U∴D∴為我們介紹了一門非凡的學問，也就是符印魔法。他提供實用的技巧並詳細解釋那些藏於表象之下的相關心理學原理，為我們開闢一條可以重新構築自身內在宇宙的魔法路徑。他運用奧斯汀‧歐斯曼‧斯貝爾的工作成果，並藉由避免使用「高階魔法」、「低階魔法」、「黑魔法」或「白魔法」等屬於舊紀元（Old Aeon）的概念，將該系統發展成為一套屬於21世紀的魔法實修模式，並提供可供代換舊有觀點的新看法──也就是「實用魔法」。

　　這系統需要努力練習，然而它必有明確成果。Frater U∴D∴就像彼得‧卡羅（Peter Carroll）與萊恩諾‧斯內爾等人一樣，也是那些將整個祕術圈子硬是拖進新紀元（New Aeon）的新世代魔法師之一。

──芙蕾雅（Freya）
《北地祕契與魔法》（*Northern Mysteries & Magick*）作者

作者介紹

　　Frater U∴D∴，又名饒夫・泰格邁亞（Ralph Tegtmeier），是現代實用魔法（Pragmatic Magic）最為重要的實修者與專家。出生於埃及的他在鑽研西方魔法原理之前，對東方哲學已有多年研究。他在過去曾是祕術書籍書店的老闆，具有比較文學的碩士學位，並且也是著作頗豐的作家與譯者，其作品也曾登載在混沌魔法雜誌《托特與混沌之燈國際版》（*The Lamp of Thoth and Chaos International*）。Frater U∴D∴創立了德國的實用魔法與心航學（psychonautics）雜誌《阿努比斯》（*Anubis*），並將彼得・卡羅的《空零之書與心航者》（*Liber Null & Psychonaut*）及阿列斯特・克勞利（Aleister Crowley）的《諸謊之書》（*Book of Lies*）譯為德文。

作者的其他作品

《金錢魔法》（*Money Magic*）
《高階魔法》（*High Magic*）
《高階魔法第二冊》（*High Magic II*）
《惡魔住在哪裡？》（*Where Do Demons Live?*）

序言 _008

第一章　〈奧斯汀・歐斯曼・斯貝爾及其符印理論〉⋯⋯⋯⋯⋯⋯⋯ _014
第二章　深入探究字製法⋯⋯⋯⋯⋯⋯⋯⋯⋯⋯⋯⋯⋯⋯⋯⋯ _026
第三章　魔法的恍惚狀態／啟動符印⋯⋯⋯⋯⋯⋯⋯⋯⋯⋯⋯⋯ _042
第四章　圖製法⋯⋯⋯⋯⋯⋯⋯⋯⋯⋯⋯⋯⋯⋯⋯⋯⋯⋯⋯ _054
第五章　咒製法⋯⋯⋯⋯⋯⋯⋯⋯⋯⋯⋯⋯⋯⋯⋯⋯⋯⋯⋯ _064
第六章　欲望字母表⋯⋯⋯⋯⋯⋯⋯⋯⋯⋯⋯⋯⋯⋯⋯⋯⋯⋯ _071
第七章　運作「返祖復憶」⋯⋯⋯⋯⋯⋯⋯⋯⋯⋯⋯⋯⋯⋯⋯ _091
第八章　那麼，它是如何運作呢？⋯⋯⋯⋯⋯⋯⋯⋯⋯⋯⋯⋯⋯ _100
第九章　用行星方陣構建符印⋯⋯⋯⋯⋯⋯⋯⋯⋯⋯⋯⋯⋯⋯ _109

結語 _128

詞彙表 _129

註解 _134

參考書目 _139

序言
Introduction

符印魔法，特別是係由英國畫家暨術師奧斯汀·歐斯曼·斯貝爾開發的系統，算是最為兼具效用與簡約的魔法學問之一。在大多數情況下，即使沒有進行複雜的儀式，它依然能夠運用，幾乎不需要任何工具套組，也無須依靠哲學與教條方面的前提設想，而且由於其簡單特性，讓人容易學習、迅速上手。最重要的是，目前應該沒有能像它那樣有效，並且甚至讓初學者馬上有機會，自行確認技藝力量與自身能力的魔法技藝。光是上述這些理由，就足以支持類似本書這樣的書籍來介紹該學問的諸多可能性，並解釋其技術及基本原理。無論是新手還是進階的實修者，本書的讀者都會得到可以長久陪伴自己進行魔法練習的指引。

讀者可在本書後續篇章看到敝人所撰〈奧斯汀·歐斯曼·斯貝爾及其符印理論〉(*Austin Osman Spare and His Theory of Sigils*)，係將原先刊載在業已停刊的德國雜誌《獨角獸》(*Unicorn*) 第1/82期的文章重新刊登於此。該期雜誌業已絕版一段時間，但仍有不

少讀者詢問，而且人數還與時俱增，表示人們對該篇文章仍有很高的興趣。由於該篇文章還涵括斯貝爾式符印魔法的一些歷史與哲學背景，因此藉由收納在新的文本應能讓更多人讀到它。

該篇文章所解釋的「字製法」（the word method）將在第二章進一步說明，還會給予更進一步的範例及關於實際運用方面的看法與要訣，這些部分在該主題的相關文獻當中很少看到。

接續會探討「圖製法」（the pictorial method），它與字製法相比確實有其優點與缺點。這裡要再次強調，魔法的實作練習應是列為優先進行的重要之事，以符合本書書名所示的「實用」精神。

而在概括介紹符印製作方式的最後，就是對於「咒製法」（the mantrical spell method）的描述。我希望那些從敝人的個人實作提取的例子與意見，能為你提供許多新的想法。

儘管就技術層面而言，斯貝爾的神祕「欲望字母表」（Alphabet of Desire）算是圖製法，並且在某些面向稍加應用字製法，然而它仍然可被認為是他的魔法成就之核心。不幸的是，他個人對欲望字母表的解說相當模糊，因此就這主題進行論述的作者，絕大多數也僅在理論層面熟悉而已，並在討論時出現許多混淆不清的情況。不過，就我個人而言，若以整體的觀點來看斯貝爾的系統，這種魔法符號語言的基本原理卻是還滿意外地簡單。

因此，〈欲望字母表〉一章不僅概略解釋斯貝爾遺留下來的混沌智慧當中的些許片段，還會向讀者引介一套成熟且每個人都能加以運用的符號邏輯系統。我想這也許是斯貝爾對於他那被後世譽為傳奇的《個我法書》（*Grimoire of Zos*）會有的未盡遺憾，亦即

他在完成該著作時，沒能在最後提供相關的解釋說明給同時代的魔法師參考。

儘管斯貝爾的個人哲學——他稱之為「個我－全我崇拜」（Zos Kia Cultus）——對於符印魔法本身而言並沒有很重要，但我們仍不應忘記提到他的「返祖復憶」（Atavistic nostalgia）技術，該技術無疑是符印魔法最令人著迷的應用方式之一。此外，它還明顯關聯薩滿信仰（Shamanism）及所謂的「原始魔法」（primitive magic），而這兩門學問必能讓現代魔法師有所獲益。

本書最後一章的主題將會談到赫密士傳統（the Hermetic Tradition）裡面的行星符印（planetary sigils）。儘管幾十年來這方面的專家已熟悉其建構方法，但是到目前為止，公開供眾人取用的相關文獻幾乎很少或甚至沒有，所以藉由本書來談論這主題似乎頗為恰當。

本書的讀者會注意到，我們在這裡會專注於創建「專屬個人」的符印，換句話說就是「各自獨特」的符印，而這樣的著眼點與許多其他書籍的方向完全不同。其他書籍通常傾向列舉那些多有殘缺或複製失真的傳統符印，而這些符印係取自那些算是沒沒無聞，且很少或根本沒有實作經驗的作者所著的「魔法配方」。儘管本書最後討論的行星符印係取自完全無可質疑的阿格里帕・馮・涅特斯海姆（Agrippa von Nettesheim）之著作，然而只要瀏覽其他關於魔法符號的標準文獻，就會發現中世紀（所謂西方魔法的「巔峰時期」）絕大多數魔法師及煉金士，大多係用少數已建構完善的符號來發展出屬於自己的符印語言。現在有一種

序言

甚至連這方面的老手都普遍頭疼的看法，就是世間對應特定存在個體（通常是惡魔）的「正確」符印其實很少，「錯誤」的符印則千變萬化，然而這些存在個體的名字通常僅是已被誤解的老舊術語又遭到刻意破壞的結果。[1]我們不應再繼續容忍此類錯誤訊息。

當然，即使是「錯誤」的教條，隨著時間經過，也會發展出自成一格、貨真價實的魔法「集體靈識」（egregore），然而我們不應投注心力於對抗其他人在幾個世紀以來，於星光層面製造的垃圾。斯貝爾無疑打開了我們的眼界（也許不是刻意為之），讓我們看見某種不同於第六章討論主題的返祖現象，因為他向我們展示了一切魔法象徵主義的起源——人類靈魂（the human soul）本身！他所傳達的訊息就是，那些真正有用的魔法符印係源自於我們自己的無意識，而它們在經過我們的意志授孕之後，將再度回歸其源頭以開始它們的工作。當然這適用於所有魔法，不過人們可能會產生錯誤的印象，亦即認為直接依照某個「大明大悟真智真慧大師」的親證體會來做一切的安排與準備，這樣就會輕鬆得多，然而這樣的作法就實際的魔法成就而言沒有任何意義。就像大學修業那樣——先前因怠惰而錯過的任何事物，最後都得透過三倍的努力來彌補，只是通常不會有足夠的時間讓你趕上進度。

斯貝爾指出「符印是思想的花押（monograms）」，以及它們應當依根據我們各自在思想方面的獨特性來創造。所以，拜託，在閱讀本書範例時就其本貌來看——它們就是範例而已。使用符印時不要發懶或漫不經心，這樣的心態絕對危險！在一開始，你或

許需要十五分鐘左右的時間來完成自己的第一個個人符印，但進行到你的第五個或第六個符印時，你大概只需要幾分鐘就能完成了。若你有考量到自己可能會得到的成功，其成果會證明此事值得如此努力。

　　如同前述，符印魔法或許是最快，也最容易學習的魔法學問之一。通常，你只會需要一張紙及一枝筆而已，無須其他工具。在累積一些經驗之後，你將會在不到五至十分鐘完成整個操作，包括後續的啟動與逐散步驟。沒有比這更快的方法——即便在魔法領域也是如此！

第 1 章

〈奧斯汀・歐斯曼・斯貝爾及其符印理論〉[2]

Austin Osman Spare and His Theory of Sigils

　　從十九世紀末到二十世紀初是劇烈變革、異端盛行的時代。當時,祕密知識及祕術學問多是意氣風發,而其興盛理由在於:其一,唯物實證主義及其伴隨的曼徹斯特工業主義之勝利開始露出惡意的獠牙,使人們在社會層面與心理層面變得無所憑依;其二,人類對於大自然的破壞已經開始出現有害的結果。簡而言之,在那個時代,質疑對於科技的信仰、質疑聲望頗高的自然科學是否真的無所不能,似乎相當適時,特別是知識分子、藝術家以及所謂的「波西米亞人」(Bohemians),他們成為批判整體文明價值觀之倡導者。我們可從自然主義的文學著作、表現主義藝術及當時惡名昭彰的整個頹廢主義運動(Decadent Movement)看到這一點。

奧斯汀・歐斯曼・斯貝爾（1886-1956）是出生在這時代的典型孩子，在阿列斯特・克勞利之後，他絕對是那些以英語為官方語言的國家當中，最為有趣的祕術家兼實修魔法師之一。現在，他基本只在前述的文化背景為人所知[3]，在國際上最多僅在文學界得到一點注意──被列在註腳，很諷刺吧！而這個註腳可在馬里奧・普拉茲（Mario Praz）的開創性著作《浪漫的痛苦》（*La carne, la morte e il diavolo nella letteratura romantica*, Florence, 1930）中找到，不幸的是，該作品相當膚淺，並且將他與阿列斯特・克勞利一起稱為「撒旦祕術師」[4]──就這樣而已。儘管如此，這部重要著作至少讓許多熟悉文學的神祕學研究者知道斯貝爾這號人物。

　　若與阿列斯特・克勞利那撲朔迷離且聲名狼藉的人生相較，歐斯曼・斯貝爾的存在似乎真的只適合放在註腳。儘管在世紀交替之後發表多種不同作品，然而他直到六〇年代末之前，其實仍屬默默無聞之輩。

　　他出生於1886年，是倫敦某位警官的兒子，然而我們對他的童年所知甚少。他聲稱自己在還是孩童時，曾經驗過某位名為帕特森夫人（Mrs. Paterson）的年長巫者舉行的啟蒙儀式，而據我們所知，這位女士必定是非常類似威卡信徒（Wiccan）的人物。斯貝爾發現自己的智性與創意的才能適合走藝術家兼插畫家的路，於是就讀皇家藝術學院，並很快被譽為即將閃耀登場的年輕藝術家。然而他對庸俗的中產階級藝術生涯萌生了反抗之意。由於厭惡利益至上主義，他很快退出藝術圈，不過還是繼續為各類雜誌進行編輯工作頗長一段時間。從1927年直到去世，他幾乎

像個古怪隱士那樣生活在倫敦的貧民窟，有時會在當地的酒吧舉辦展覽。

人們會把他的一生拿來與洛夫克拉夫特（H. P. Lovecraft）比較，因為他自然也在探索個人靈魂的黑暗層面。大約在第一次世界大戰開始的前後，他有釋出一些作品，當時是自行印製的版本，而現在的我們（至少在大不列顛）可以獲取到眾多且昂貴的重印版本。然而，我們這裡主要對兩本文獻感興趣，即他那著名的《愉悅之書（自愛）：狂喜心理學》(*Book of Pleasure (Self-Love): The Psychology of Ecstasy*, London, 1913)[5]，以及肯尼思・格蘭特（Kenneth Grant）業經相當研究的著作[6]——這位作者是研究克勞利的專家，同時又是自身所創東方聖殿騎士團（Ordo Templi Orientis, O.T.O.）品牌（譯註：應指他與其妻創立的提豐東方聖殿騎士團〔Typhonian O.T.O.〕）的領導者，他在該著作有探討斯貝爾系統的實際面向。本篇文章不會深入分析斯貝爾的真正哲學，因為這部分對於符印理論的實踐而言並無真正需要，而且會偏離本篇文章的主題。

在開始認識斯貝爾的符印理論之前，先簡短介紹符印在魔法運作當中扮演的角色或許會有所幫助。大家都知道，西方魔法係立於兩根主要支柱之上，那就是意志（will）與意象（imagination），而跟這兩者有關的是類比思維（analogous thinking）與象徵圖象（symbolic images）。例如，阿格里帕會運用各自不同的特殊符印來對應每個行星智性（the planetary intelligence）。這些符印並不是如同人們長期猜測那樣地任意構建而成，也不是透過「啟示」獲得，反倒更傾向是依據卡巴拉的思維來設計的。[7]

金色黎明赫密士教團（the Hermetic Order of the Golden Dawn）也使用符印作為魔法存在個體的「靈魂圖象」（images of the souls），使魔法師能與它們建立聯繫，但是即使如此，卻沒有解釋符印構建技術。克勞利領導的東方聖殿騎士團，以及葛果里爾斯（Gregorius）領導的土星兄弟會（Fraternitas Saturni）可能也有同樣的情況。

光是「阿格里帕」這個名字，就已暗示魔法符印其實具有悠久的歷史傳統，然而本篇文章不會討論這部分，畢竟那樣的話就得通盤討論祕術圖像學的複雜性。一般來説，人們只會用「正確」與「不正確」來思考符印。中世紀晚期的那些魔法書（grimoire）大多僅是「魔法配方書」，常被議論的《摩西第六及第七書》（Sixth and Seventh Books of Moses）基本也是採用跟製藥配方同樣的「選擇材料、倒進去並加以攪拌」之步驟。而實修者相信以下的原則：知道某個惡魔的「真正」名字與「真正」的符印，就代表擁有掌控它的力量。

由盎格魯－薩克遜地方發展出來的「實用魔法」則徹底整頓了這樣的概念。[8]克勞利在金色黎明團體中的反抗表現——他一開始支持馬瑟斯（Mathers）但又很快予以反抗——常被視為現代魔法的真正開端。若說克勞利本人是現代魔法中實用思想的重要支持者，當然也沒問題，只是自封獸神大師（Master Therion）的他，因著靈體艾瓦茲（Aiwass）給予自己的那些載於《律法之書》（Liber Al vel Legis）的啟示，最後仍偏好繼續留在區分階級的教條魔法體系。他最重要的慣用語就是「依意志而行，律法盡此。

愛即律法，愛支撐意志。」(Do what thou wilt shall be the whole of the Law. Love is the law, love under will.)，以及他對於泰勒瑪（Thelema，譯註：字義為「真意」）的整個概念，證明他是抱持教條主義的魔法師。

歐斯曼・斯貝爾則不然，其思想起源似較偏向個體－無政府主義的方向，因此我們可以將他的哲學如實描述為老子、威卡信仰與馬克斯・施蒂納（Max Stirner）的混合體。

世紀交替之際的英式魔法也有受到一項問世不久但很重要的學問之影響——該學問其實要到第二次世界大戰以後才獲得高度重視——那就是西格蒙德・佛洛伊德（Sigmund Freud）的心理學。在此之前，布拉瓦茨基（Blavatsky）的《伊西斯揭密》（*Isis Unveiled*）與《隱密教義》（*The Secret Doctrine*），以及弗雷澤（Frazer）的《金枝》（*The Golden Bough*），為整個祕術圈帶來重要的推動力。威廉・詹姆斯（William James）的比較宗教心理學深刻影響了當時的知識分子，不過最終是佛洛伊德、阿德勒（Adler），尤其是卡爾・榮格（Carl G. Jung）引發重大突破，人們從此以後開始認真思索「無意識」的相關面向。

由於篇幅有限，上述的明顯離題只能保持簡短，然而它其實是後續討論非常重要的基礎。不過我們也不會深入解析斯貝爾到底受到誰的影響，除了前面提過老子與施蒂納之外，我們可能還會注意到某些人，包括斯溫伯恩（Swinburne）與克勞利本人——畢竟斯貝爾曾經暫時加入克勞利的銀星會（A∴A∴）。我們這裡只會討論他那最偉大的成就，即以心理學的方法來運用魔法。

於是這使我們進入魔法實行方式的正題。在斯貝爾的系統中，沒有「正確」或「不正確」的符印，也沒有現成可用的符號表。符印是否「正確」並不重要，真正重要的是，它係由某個魔法師創造出來，因此它對該魔法師有意義。由於該魔法師係為了個人用途而建構它，所以這個符印很容易成為該魔法師的魔法欲求之催化劑，而它有時甚至會先讓人醒覺到該欲求。這種在當今盎格魯－薩克遜魔法中占據主導地位的實用主義作法──像是伊惡瑞爾‧磊加棟（Israel Regardie）、法蘭西斯‧金（Francis King）、史蒂芬‧斯金納（Stephen Skinner）、威廉‧格雷（W. B. Gray）、大衛‧康威（David Conway）、萊米爾‧約翰斯通（Lemuel Johnstone），僅舉幾位相關作者為例──指出了真正的現代實用魔法之父應為奧斯汀‧歐斯曼‧斯貝爾，[9] 而不是阿列斯特‧克勞利。

然而德語國家則有截然不同的情況。像是坤徹（Quintscher）、葛果里爾斯（Gregorius）、巴棟（Bardon）、克林索（Klingsor）甚至施皮貝格（Spiesberger）之類的作家，在「各自獨立創造魔法的同等對應物」方面，幾乎沒留有可供操作的空間。在那裡，人們會期望魔法大師應在現成的體系當中發展，而不是自創某個體系。這是一種完全不同的方法，至於這樣的作法有沒有價值，我們不會在這裡討論。而與實用魔法最接近的人是施陶登邁爾（Staudenmaier，譯註：應為 Ludwig Staudenmaier）的看法，該看法在1917年就已存在，然而跟這裡較有關係的是1921年的版本（亦即他將魔法視為實驗科學的主要著作之第二修訂版的出版年分）。瑪哈穆德拉（Mahamudra，譯註：字面雖是宗教術語，但原

文係以作者名稱呈現，故直譯之）的作品有得到一些關注，其內容多屬描述性質，並涉及傳統與新的闡釋，因此還是處在日耳曼魔法傳承的框架裡面。然而，他們的確有注意到科學心理學在當時的成果，因此他們的論點至少部分與實用主義的方法有關。

實用魔法會越來越重要，因為現今魔法師必須面對業經心理化，並且持續處在心理化過程的環境，且該環境所具有的哲學相對主義（philosophical relativism）從過去一直持續形塑我們，即使到現在依然如此。無論人們承認心理學／精神分析具有多少重要性或真理，其思想方式及詞彙都滲進我們，所以就連身為魔法師的我們也必須用批判、明智的觀點來看待之。也許要等到另一個時代，才能尋找不同的解釋、描述與實踐的模式。

斯貝爾是如何實際進行符印魔法呢？符印係透過字母的融合與風格化而發展出來（參見圖1）。

首先，必須建構出一段欲望語句。我們這裡列出斯貝爾本人在他的《愉悅之書》舉的例子，這就是意願的宣告：

THIS MY WISH TO OBTAIN
THE STRENGTH OF A TIGER
（我的意願就是獲得老虎之力）

這句話必須用大寫字母書寫，然後將反覆出現的字母刪除，使每個字母都只留下一個。

第1章：〈奧斯汀·歐斯曼·斯貝爾及其符印理論〉

THIS MY WISH TO OBTAIN
THE STRENGTH OF A TIGER

　　如此一來，就留下這些字母：T、H、I、S、M、Y、W、O、B、A、N、E、R、G、F。而符印係由這些字母創建，且任一部分都可以倒著看（例如 M 可以看成是上下顛倒的 W），或側著看（例如 M 可以看成是側躺的 E）。因此，M、W、E 這三個字母不需各自呈現在符印裡面，以避免字母出現重複的情況（譯註：若將這三個字母各自放進符印，可以視為出現三個 M、三個 W 或三個 E 的重複情況）。當然，符印的呈現與風格化有許多的可能性。

This my wish to obtain the strength of a tiger.
（我的意願就是獲得老虎之力）

將這句話轉換成符印後就是：

This my wish
（我的意願就是）

To obtain
（獲得）

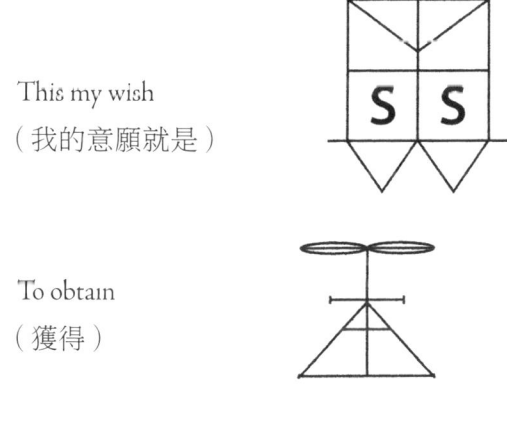

圖1（下頁續）

The strength of a tiger
（老虎之力）

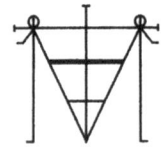

合併成單一符印

或是這樣

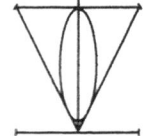

圖1

　　然而，最後做出來的符印要盡量簡單，而且能夠識別各個字母（即使得要稍微動點腦筋），這是重點所在。符印的藝術品質雖然無關緊要，只是考慮到心理層面的因素，但顯然你不應匆促塗畫，反倒應盡自己所能去製作它。

　　在一開始，可能會需要幾次嘗試才能做出最終版本的符印，接著就是將它固定下來。你可以把它畫在羊皮紙、紙或沙上，甚至牆上。根據斯貝爾的簡短指示，這符印應當在進行內化（internalization）之後銷毀，所以後面會有像是燒掉羊皮紙或在沙

上抹消的動作。斯貝爾的基本概念是這樣的：符印及其含義必須被植入無意識，然後意識必須忘記它，好讓無意識能夠毫無阻礙地遵守自己收到的編碼指示。

在構建欲望語句[10]及繪製符印的過程必須全神貫注，這會使後續的啟動（activation，有人稱「充能」〔charging〕）容易許多。

符印準備妥當之後，就透過嵌入心靈的方式來啟動它，這應是整個過程當中最為困難的部分，斯貝爾對於實際的操作僅提供些許提示，但其關鍵就是符印要在某種恍惚狀態（trance）之中予以內化。這過程也許發生在亢奮（例如使用藥物）、狂喜（例如藉由自慰、性交或儀式來進行性魔法）或是身體疲勞的狀態。以下是運用後者的例子：魔法師站在鏡子前，以雙臂交叉抱在頭後的姿勢盯著自己的影像看，使眼睛與雙臂感覺疲勞。這裡的重點在於它應是「速按速放」（click，譯註：就像使用滑鼠的點擊動作），意謂符印必須間歇內化，這自然需要一些練習與控制。而這過程可以藉由唸誦欲望語句予以支持，亦即像是誦咒那樣以具有節奏及單一音調的方式逐漸加速反覆唸誦語句，並同時凝視符印。在上述盯著鏡子（也可以使用魔法鏡子）的例子當中，用水溶性顏料將符印繪於鏡面上會很有用。

在間歇內化過程之後，該符號必須被摧毀並從意識心智中刪除。從那時起，後續的魔法工作就如同前述得由無意識進行。

找在自己的實作過程當中，發現即使把符印帶在身邊（像是配戴刻有符印的戒指等等）也可能有用。不過這應取決於魔法師的個人偏好，每個人都應找出屬於自己的方式。有的時候，也會

有必須重複整個過程的可能，特別是那種非常困難、需要龐大能量的目標。無論如何，經驗法則所顯示的真正關鍵，在於任何時候都別把符印的含義與目標帶入意識，畢竟我們所用的是類似自我暗示的技術，因此其規則會與自我暗示本身一樣。所以你不能使用像是「我的意願就是不要做某某事」之類的否定語句格式，因為潛意識非常傾向不認知也不理解「不要」這詞彙，你最後得到的結果或許會與自己的最初希望相反。若你每天都在牆上或戒指外側看到某個符印，這樣的看到應是無意識的舉動，就像個人可能不會有意識地注意自己一直在用的物品那樣。當然，你應對自己的操作守密，因為光是與懷疑者或甚至好友討論此事，就有可能消除符印的力量。

這方法的優點顯而易見，不過這裡只能予以簡短摘整：它簡單到會讓人想去嘗試看看，而且只需一點練習，就能在任何時間、任何地點進行，不需任何昂貴的魔法工具套組，也不需保護的魔法圈與五芒星儀式（儘管它們有時或許滿有用的，特別是在進行魔法保護的操作）等等。

不過，心靈容易不穩定的人應要謹慎使用此法。儘管此法不像一般召喚法術那樣容易跨過精神分裂的底線，然而它的確涉及到深深切進個人原有的心靈生態，所以這樣的行為無論如何都應審慎考慮。心理魔法的後果有時相當無法評估，我們都曉得，魔法的真正難題並不在於它「是否」有效，而是在於它「必定」有效的事實。

請以負責任的態度來使用這方法,那麼它就是能為魔法師提供無限多樣應用可能性的工具。

第 2 章

深入探究
字製法

Further Exploration of the Word Method

上一章的〈奧斯汀・歐斯曼・斯貝爾及其符印理論〉一文已涵括符印魔法的基本原理與背景,然因當時的雜誌篇幅有限,無法更加深入探討。此外,我們也看到斯貝爾的符印魔法已在近年來有一些進化,特別是英國混沌魔法師在這方面的發展,且具現在 IOT 組織——現行 IOT 組織是「死愛盡悟者魔法聯盟」(The Magical Pact of the Illuminates of Thanateros)——的各種出版品當中。因此,從斯貝爾自己的方法與意圖持續發展增長出來的分支,現已相當普遍。

我們就用上一章的圖 1 為例來說明「字製法」(即利用欲望語句的字母與字彙來建構符文)。整個過程如下:

一、「欲望語句」須以大寫字母表述及書寫。(譯註：這裡的欲望語句係使用英文，而英文字彙均由「字母」組成，與本身已是圖像符號的中文完全不同。因此若使用中文書寫欲望語句以製作符印時，也許就要多加嘗試作者所提的幾種方式，以找出適合用於中文者。只是在一開始為了方便學習字製法，先將中文的欲望語句譯為英文會比較容易進行後續步驟。)

二、刪除重複出現的字母，使每個留下來的字母都只會出現一次。

三、(一)整個句子拆成幾個部分，分別做成符印；或是，
(二)整個句子的所有字母組合成某個「總符印」。

四、(一)將分別做成的數個符印組成某個「總符印」。或是，
(二)將步驟三的(二)所建構的總符印予以簡化／風格化。

五、內化／啟動該符印。(具體技術會在下一章討論。)

六、消除並忘記該符印。(具體技術會在下一章討論。)

使用「字製法」建構符印的深入示範

(一)運用跟第一章一樣的語句「THIS MY WISH TO OBTAIN THE STRENGTH OF A TIGER」(我的意願就是獲得老虎之力)，在刪除所有重複出現一次或多次的字母之後，會留下以下的字母：T、H、I、S、M、Y、W、O、B、A、N、E、R、G、F。

THIS MY WISH（T、H、I、S、M、Y、W）
（我的意願就是）

TO OBTAIN（O、B、A、N）
（獲得）

THE STRENGTH OF A TIGER（E、R、G、F）
（老虎之力）
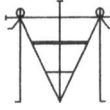

合併成一個總符印

或是這樣
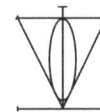

（二）你也可以跳過分別製作數個符印的步驟，直接將整個句子的所有字母（同樣也是沒有任何重複）組成一個總符印。

而字母 E（∈）也許可以看做是字母 W（ᴗ）與字母 M（⋂）。參見圖2與圖3。

第 2 章：深入探究字製法

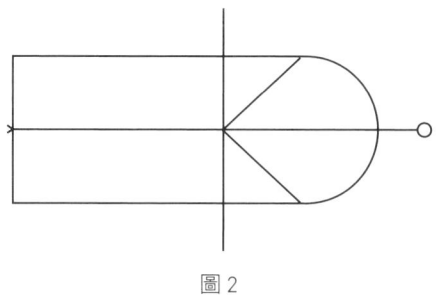

圖 2

圖 3

　　你只要多些經驗，就能將第三與第四步驟合併成單一操作，特別是當你已發展出屬於自己的個人藝術「符印風格」的時候。由於奧斯汀·歐斯曼·斯貝爾是具有才華且得到眾人賞識的藝術家，他終其一生都在練習這項技術，自然會比一般符印繪製者更具優勢，可以創作出非常美麗且吸睛的符印。但是，**藝術天賦並不是符印魔法成功的要素！真正重要的要素，在於那是你為你自己創造出來的符印。**

我們做出來的圖形符號甚至會看起來有點「醜」、「原始」、「粗糙」或「手工製造」，然而這樣的特質或許會有額外的好處。由於這些形象「不修邊幅」，原本與之對抗的「個人無意識」會認為它們非常具有「魔力」，或者只是「不太普通」而已。換句話說，所謂的「醜」符印，會與我們現有屬於華而不實的機器與工業偽美學的標準化、平整化之日常環境差異甚大。我們係與所謂的「更加偉大的事物」（*Magis*），亦即原初的魔法力量，一起共事，而根據當前理論，該力量係屬於「前意識」（praeter-conscious），即存在的「原始」階段，所以任何讓我們憶起手工藝還未臻至純熟的時代之事物，都會喚醒儲存在我們的爬蟲動物腦（reptilian brain）裡面的那些原始衝動。那些事物幾乎會自動解放儲存在人腦那部分的魔力，或是在一開始就將這股力量喚醒。

　　當然，這一切在很大程度上都取決於魔法師的個人心理範型（paradigm），所以請相信自己的感覺（即自己的直覺），而不是相信其他魔法師依據自己的主觀偏見、不滿與脾氣而定下的規則。若你比較喜歡耗費大量心力在符印上，期望創造出「真正的藝術品」的話，當然可以自由去做。不過，出於一些會在後面詳細討論的原因，我會建議你別花太多時間在「有意識地」創造符印上面。這是因為——先不管其他論點——這樣的作法會使你更加難以忘記該符印的輪廓及意義，或是將它從意識中排除，然而這步驟對於符印是否能夠適切生效至關重要。

　　在開始討論啟動符印的技術之前，我想教你一些更加實用的技巧。

第一項建議涉及「建構欲望語句」的方法。符印魔法基本上是成功魔法（success magic），其目的是得到非常實在且可供驗證的結果。因此，描述意願的句子應具體且明確。模稜兩可的語句會使無意識產生混淆，最多只會有部分成功，但徹底失敗是較常出現的結果。

　　我的個人經驗就像第一章所述那樣，欲望語句最好都以相同的格式開始，在我們的例子中就是「我的意願就是……」（THIS MY WISH...）。個人也可以只是說「我願……」（I WISH...）、「我意願……」（IT IS MY WILL...）或諸如之類的語句。特地提及自己的意願會有好處，因為這會使你交給無意識的指令更加清晰且更易理解。應避免使用缺乏說服力的無力措辭，像是「我有想要……」（I WOULD LIKE TO...）、「我會希望……」（I WOULD WISH TO...）或「我應期望……」（I SHOULD WANT TO...）。不過，你終究還是得從自己的經驗當中學習並找出最適合自己的格式。

　　從其他各種用於操縱意識的系統當中，我們知道無意識通常不會正確理解否定句的格式。就大多數人而言，雖然無意識能夠理解諸如「杜絕」（eradicate）、「移除」（remove）或「避免」（avoid）等等表達方式裡面的比喻式語言（其實用「字製法」構建的符印說穿了就是比喻式語言），然而它看似會無視「不是、不會、不要」（not）、「沒有」（none）、「永不」（never）之類的字詞。因此在表達願望時，別用這樣的語句：我的意願就是「不會」生病（THIS MY WISH *NOT* TO BECOME ILL），而是用這樣

的語句：我的意願就是保持健康（THIS MY WISH TO REMAIN HEALTHY）。

有趣的是，這原則不會一體適用於實用魔法的所有領域。例如招符（talisman）與護符（amulet），其常見的定義是前者用於「求取某事」，後者用於「對付某事」。所以若要「求健康」，就可製作招符來用，而若是「免病痛」，就會製作護符來用。不過，即便是護符，人們通常也會避免使用否定句的格式（例如「保護我免受一切病痛」之類的語句）。（譯註：talisman 與 amulet 一般均常譯為「護身符」，此處譯成「招符」與「護符」是為了符合作者所列定義並方便讀者區別。這兩者若採用另一種常見區別定義的話，前者就會譯為「護身符」，即人力製成的護符，像是經匣；後者就會譯為「護身物」，即自然天成的護符，像是兔腳。）

等到後面在探討關於符印魔法如何運作的理論時，我們就會了解這個機制其實跟否定語句的措辭關係不大，而是跟繞過「心靈審查」的常見問題比較有關。有些魔法師運用否定句格式而取得成功，其經驗已證實這觀點。然而這算是例外，你還是應當盡力避免任何風險，特別在開始進行自己的實用魔法工作時更應如此。

至於語句表述應當精確還是有點「模糊」，這問題值得商榷。根據敝人的經驗，向無意識發出過於詳細的指令並非明智的作法。「我的意願就是在10月17日下午3點32分於鯊魚酒吧與法蘭茲・巴登見面」之類的語句，不僅對著自己裡面的「更大事物」（Magis）——或者就像中美洲薩滿所言，對著自己掌握「拿沃」

（nagual）的能力（譯註：這裡的「拿沃」也許是指自身內在屬於魔法師或變形巫者的面向或能力）——提出相當困難的要求，而且還自顧自地以為無意識必定相當慷慨且抱持良善意圖。個人永遠不應向宇宙施予太大的壓力。但這是實用魔法的常見問題之一，而且這問題也不會只有符印魔法師要去面對，儀式魔法師、術士（sorcerer）及通神士（theurgist）也會遇到這問題。

從經驗中可以知道，將時間因素加入欲望語句是相當可行的作法，例如像是「我的意願就是在這個月重獲健康」（THIS MY WISH TO BECOME HEALTHY AGAIN THIS MONTH）之類的語句。不過，身為魔法師的我們，若還是像現實工作的上司那樣，將過勞的工作表交待給自己的心靈去辦，必定太超過了。我們會在後面的〈那麼，它是如何運作呢？〉章節仔細探討時間的因素及對於成功的掌握。

所以對於語句的表述，你應試著在不清不楚及過度具體之間取得適當的平衡。格式像「我的意願就是變得更好一些」（THIS MY WISH TO BE RATHER WELL）之類的欲望語句有點太過模糊，因為即使符印確實產生預期的成功，你也許不會意識到這件事。在期望贏得樂透獎項的法術當中，若你努力將中獎金額精確定到小數點後三位的話，那麼整個系統會因為資訊過載而崩潰——最好的結果是什麼事都沒發生，最糟糕的情況或許是負責查封的官員突然帶著傳票與計算機來找你。然而，這裡還是要重申一遍，無論讀過多少魔法配方書，還是比不過親自實作的經驗。

順便提個建議，在運用這裡討論的符印構建方法時，最好（至少有的時候）在符印周圍放置邊框，可為三角形、圓形、正方形或其他類似的形狀，請參見圖4、圖5與圖6。

　這作法有兩個優點。其一，使充能時更容易聚焦在符印上；其二，為符印賦予「明確」與「確定」的感覺，這是因為若你運用多個符印，有時可能會發現那些符印在你的無意識裡面「糾纏」在一起，形成你不想要的連鎖與組合圖案。不過這情況由於很少發生，其風險相對也比較小，它大多會發生在符印狂熱者（sigil fanatic）身上——這些人整天就只是在為自己的無意識播種，用一堆符號塞滿它，不做任何其他事情。不過，圖3的符印是不需額外邊框的架構範例。

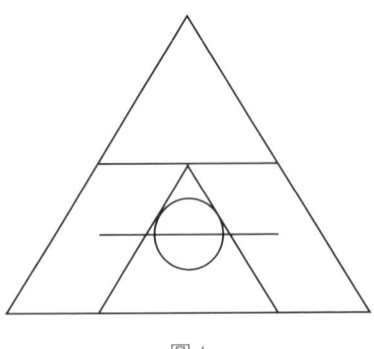

圖4

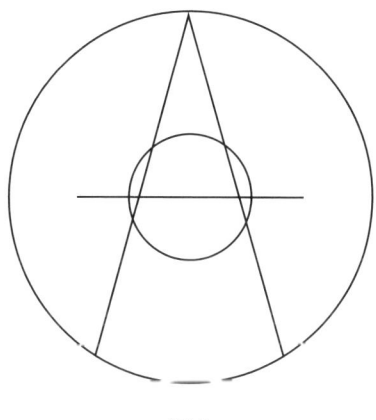

圖 5

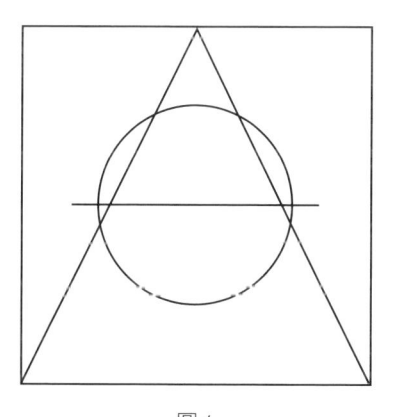

圖 6

在符印周圍設置邊界的作法還有另一面向，就是曼陀羅（Mandala）的諸多構造——一如深層心理學（depth pychology）所示會喚醒並啟動無意識裡面的原型素材。因此，邊界將有助於喚醒

內在的心靈本質力量（也就是那個「更大事物」）。若我們更加深入鑽研這主題，就會發現曼陀羅基本上是更加繁複的符號（請參看西藏的唐卡與壇城），傳遞了哲學、神話、靈性等諸如此類的內容，絕大多數靈性符號自然也可以被視為具有這個面向。

　　在開始探討啟動符印之前，我們先要仔細研究將符印簡化的方法。過度繁複的符印，就像冗長得像異形條蟲那樣的欲望語句一樣無效。請一定要記住，你得在魔法或「靈知」（gnostic）的恍惚狀態下內化符印（或為其「充能」）。這或許代表你必須積極想像它。只要你確實有符印擺在自己面前，像是把它掛在牆上或畫在鏡子上，這過程或許不會有什麼問題，但即使如此，具有太多細節的符號可能很難進行內化。而在將符印簡化或風格化的過程中，你可以完全自由揮灑自己的想像力或藝術天分，**只要你在情感層面對自己的繪畫結果感到滿意**，甚至可以稍微「作弊」一下都沒關係。

　　以下是新的範例，其欲望語句「THIS IS MY WISH TO EARN FIVE HUNDRED POUNDS TOMORROW（我的意願就是明天賺到五百英鎊）」在經過處理之後剩下這些字母：

　　T、H、I、S、M、Y、W、O、E、A、R、N、F、V、U、D、P

　　而這一長串字母可以構成以下這個總符印：

圖 7

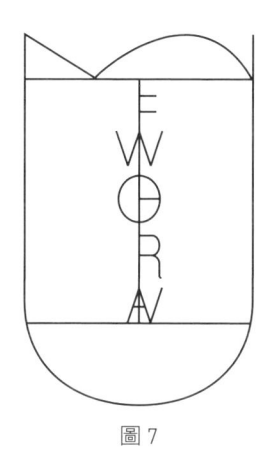

由於這個圖案過於複雜，我們得要將它簡化：

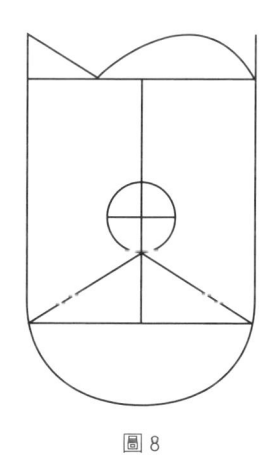

圖 8

你會注意到我們移除許多部分，但也將一些裝飾或添加物補進去，像是穿過整個符印中間的垂直線，還有將那個完整圓圈分成兩半的水平線。這裡的重點在於——至少在一開始是這樣——

我們理當能從符印找回所有基本構成字母（即使是其風格化的版本也應如此）。做到這裡，我們當然不會認為字母 T、H、I、Y、W、O、E、V、U、D 與 P 很難識別，特別是當我們還記得相同的線條可以解讀成數種不同的樣式，像是這符印的圓弧可以同時代表 U 與 D。

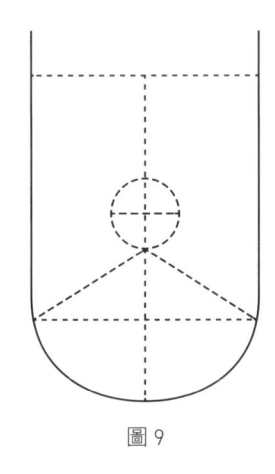

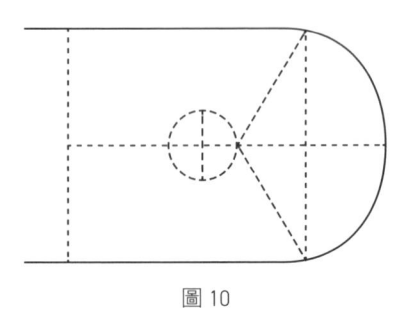

圖 9

圖 10

但字母 S、R 與 M 呢？字母 A 又在哪裡呢？若要使這個符印的基本形狀保持不變的話，我們就得要稍微「作弊」一下：

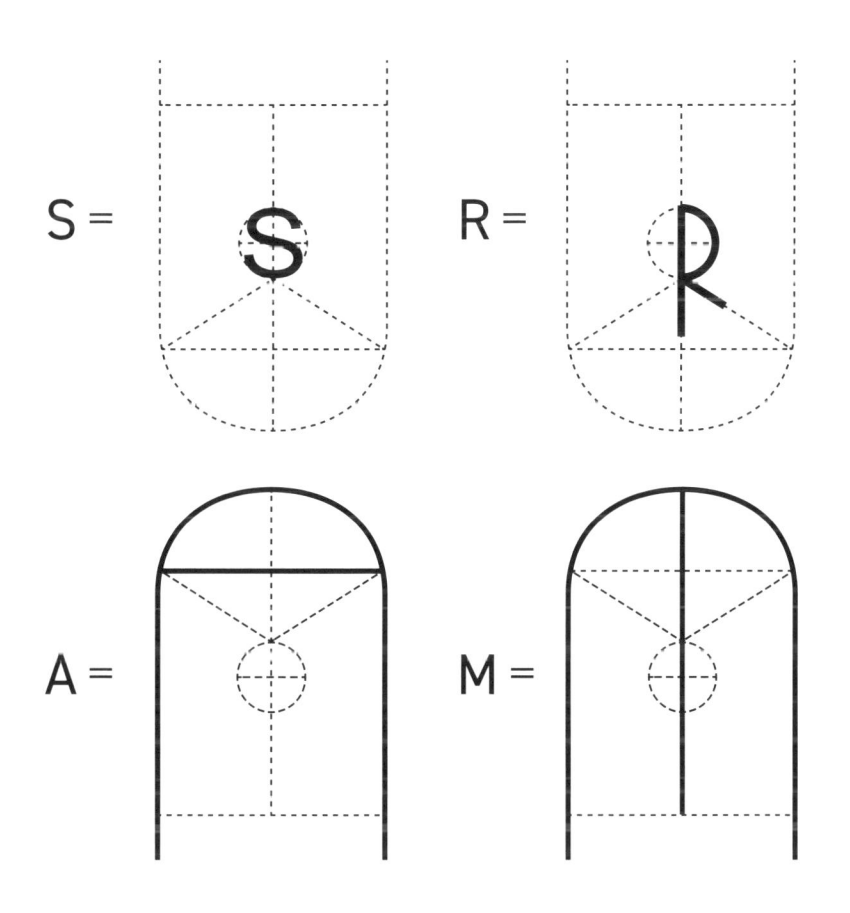

圖 11

顯然，字母 M 與 S 可能看似比較接近原來的字形，不過畢竟我們只是想用這範例說明如何進行抽象提取。

　　講到這裡，或許有人會說，只要臉皮夠厚、想像力夠生動，幾乎任何符號都可用這方法找出任何字母。這說法在某程度上當然正確，不過真正的重點在於，你正在構建的這個符印，會使所有其他可能性變得無關緊要。

符印構建過程本身比做出來的圖形符號成果更加重要！

　　當然，我們確實需要做好的符印，也就是最終完成的圖形符號，否則我們無法為其充能或啟動。不過，若這個符印並不是你在沒有任何外來協助的情況下獨自建構的話，它對你來說根本無用。（我們會在關於圖製法的章節討論這項規則的一些例外情況。）前述的簡字符號，其實就像是那句常從禪宗師父那裡聽到的鼓勵話語「旅程本身就是目的」加以改寫的版本。

　　或許我們現在應該來處理符印的裝飾。我們已經看到一個重點，即符印要有「似是魔法」、「與眾不同」的質地，才會使我們感動。然而這就表示這方面的想法，每個人都不一樣。敝人的符印構建造風格則是在超過 12 年的實修過程當中形成，比較傾向使用水平橫向的形狀並飾以彎曲短線與三角形。因此，我會用這種方式裝飾前述範例的符印（參見圖12）：

圖 12

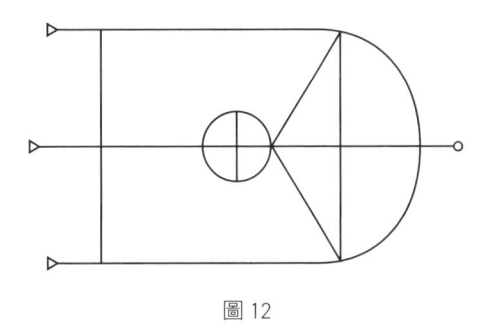

　　這些裝飾本身沒有任何意義（就像符印不再具有任何有意識的「可供識別」之意義那樣），其唯一目的是創造出適合的「氛圍」，或賦予符印某種「似是魔法」的感覺（或是「神祕感」，這應是偏好浪漫的人會用的詞彙）。如此可以大幅增強它的效果，請務必實驗看看。

第3章

魔法的恍惚狀態／
啟動符印

The Magical Trance / Activating the sigil

✡

　　字製法與圖製法均適用以下方法。而這些不同方法在一定範圍之內也適用於咒製法，然而這模式會特別留在後面的章節詳細解釋。

以下是疾速充能的推薦作法
（適合總是趕來趕去的人們）

　　在用盡心力完成符印之後，就帶著它去你睡覺的地方。然後自慰，並在性高潮的期間專注於你的圖形符印。若你的想像力有受過良好的訓練，不妨觀想這個符印，至於初學者還是建議睜大眼睛看著實體符印。這裡的關鍵重點，就是把符印放在自己於「高潮期間」會往前盯著看的位置。

此時 不要 去想
自己的欲望語句或符印內容！

在理想情況下，你應忘記創建這個符印的最初目的。（為了達成這一點，你可在構建符印之後將它擺在一旁幾天或幾週，然後在某個安靜的一分鐘當中將它拿出來啟動。但這樣做的話自然很難稱為「疾速儀式」。）

之後，你得要逐散符印。最好的逐散方法就是哈哈大笑，即使看起來有點做作也沒關係。若你能馬上想出一則好笑話，那會更好。在用笑聲逐散後，**立刻想一些完全不同的事**。最簡單的達成方法就是打開電視，傾聽最新的樂透開獎結果，同時做單腳跳躍的動作達半個小時等等。

人們或許會在性道德與／或性恐懼的議題上爭論無休，然而符印在性高潮期間能以最簡單、最快速、最沒有問題的方式產生最好的內化效果，這是無可否認的事實。我們是還會談論其他的方法，只是經驗顯示性高潮提供了最為有效的魔法恍惚狀態。但是，對於眼睛現已閃爍發亮的浪蕩人們，我或許得要事先提醒一下，性魔法的這一分支與性愛「樂趣」幾乎無關，或根本沒有樂趣可言。在過去，當各式各樣的「犧牲」還很流行的時候，人們常會說「在超昇之祭壇上犧牲想要達到高潮的性慾」之類的話語。顯然，這部分跟譚崔與道教的概念有相當密切的關係，亦即認為男性應不計一切代價避免在神聖交合期間達到爆發性的性高潮（也就是射精），因為根據其教義，損失精液即意謂漏失力量（據其推測還會影響壽命）。由於種種因素，這種思想方向在

西方從來都不怎麼流行，甚至連性魔法的重量級大師之一阿列斯特‧克勞利也只專注在性交之後喝下自己的精液。（當時是異性交合，所以那其實是男性及女性體液的混合物——這就是克勞利惡名昭彰的「萬靈藥」〔elixir〕。）在撇開這個題外話之後，我們也許會注意到，那些淫蕩好色的性愛狂在操作性魔法的這一分支時不會有什麼樂趣可言，因為這些操作可能相當費力而且不怎麼舒服。

　　第一章有提到符印應**間歇**內化，這可以透過數種方式達成。其目標始終一樣：改變意識的狀態，使處在這狀態的實行者變得「柔軟」，不再阻止或無法阻止意識層次與無意識層次之間的直接交流。就像一般的魔法或靈知恍惚狀態那樣，意識不會完全關閉，意謂你並不是要達到催眠的完全恍惚狀態。這類「臨界狀態」（threshold states）[11]可透過抑制睡眠、過度勞累、精疲力竭或透過促發憤怒、恐懼、快樂、狂喜等緊張情緒來達成。[12]我們可從這裡再度看到為何性魔法（當然也可以在與伴侶交合時進行）在符印充能會比其他方法容易許多。首先，大多數人對於刻意的高潮都非常熟悉，然而這又不太像是因疲累或恐懼引發的刻意且受到約束的恍惚狀態。其次，若與透過禁食數日或是利用恐懼（像是把自己的身體半掛在某棟大廈十七樓的高空）達到恍惚狀態的方法相較，達到性高潮的努力會少很得多。（當然，搭乘雲霄飛車也可以達到這目的，但你真的能控制自己的懼高症來為符印充能嗎？）但無論如何，你應盡量多去了解符印充能的各種不同狀況，以大為擴展自己在魔法技術方面的眼界。

文獻中經常引用但幾乎沒有詳細解釋的技術之一，就是斯貝爾所謂的「死姿」（death posture）。就彼得・卡羅在《空零之書》（第31頁）引述其他作者的文字來看，他基本上將「死姿」視為某種「以不舒服的姿勢屏住呼吸直到快要死掉」的方法，而肯尼思・格蘭特[13]則認為它應歸類在性魔法。他將斯貝爾本人所提的死姿視為一種技術，係透過性活動關閉意識心智（換句話說就是「在過程中被殺死」），意謂所有意識思想都會中止。無論如何，這裡的關鍵就跟大多數的魔法恍惚狀態一樣，即你能透過這方式達到某種無思考或無心智的狀態，從而使意識心智暫時崩潰（這樣的崩潰有時只會維持幾秒鐘，像性高潮就是如此），讓出一條直接連結無意識的通道。以下描述兩種與性無關的死姿變化作法，其在實踐上已證明有用，特別是對那些剛接觸魔法，且很少或沒有接受魔法恍惚狀態訓練的人來說更是如此。

死姿（版本一）

這個死姿版本可以站姿或坐姿進行。在第一次嘗試時，敝人建議你坐在桌前，並將符印放在桌上。

在深呼吸後，以雙手手指掩住眼睛、耳朵、嘴巴與鼻子。專注在那股出現在身體內部的緊張（**別**去想符印或是它的目標！），並屏住呼吸，直到真的無法忍受為止。然後在快要昏倒之前，睜大眼睛，一邊呼吸新鮮空氣，一邊凝視符印。做得正確的話，你會發現自己處於一種幾近驚慌失措的無念狀態──這算是某種魔法恍惚狀態，你的潛意識在這狀態會對符印更有反應且

更能接受。在這之後，就如同先前提到的作法，透過笑聲及專注於完全不同的事情（越世俗越好）來逐散之。

該技巧的其中一個版本已在第一章描述，係站在鏡子前面執行。你先用水溶性顏料將自己的符印畫在鏡子上，然後再運用過度勞累的方式，即凝視自身鏡像的雙眼且眼皮不要顫動，然後在頭或頸部後面環抱雙臂並盡可能向後推展，同時屏住呼吸並繃緊全身所有肌肉（也可以踮腳站立）。保持這個姿勢，直到再也無法承受緊張與／或疼痛，然後在間歇釋放緊張的同時將符印內化。後續則用笑聲逐散，並思索其他事情等等。

注意事項：

患有心臟病、肺病或高血壓的人不適合運用死姿的第一版本，畢竟你很難開口詢問醫生是否可以進行這項技術（除非醫生也是魔法師啦——但你或許已經透過運用符印找到這樣的醫生呢！），所以若你在健康方面有疑問的話，就應改用先前提到的其他技術。

死姿（第二版）

就我所知，過去的文獻都沒有關於此技術的描述。它比前面的版本**更加溫和**，但是同樣有效，只是需要一點訓練而已。這項技術係以坐姿進行。

符印放在面前桌上，而你在椅子上盡量坐直，雙掌放在桌上。你可將兩根拇指伸出來碰觸彼此，而符印就放在雙掌圍成的

區域。接著盯著符印看,不要眨眼。眼睛是否開始流淚都沒關係,因為你的注意力並不是放在這裡。現在嘗試**非常短暫地**縮放小腿肚的肌肉。最好先從某一條腿開始,然後再換另一條腿,最後一起縮放兩邊小腿肚的肌肉。縮放的動作本身應為緊張,但同時又是放鬆。只要動作非常強烈,一瞬間就已足夠。這動作乍聽之下可能有些困難,但經過一點練習,你就會清楚知道適合自己的作法。

　　現在你可以繼續縮放兩邊上臂的肌肉,然後是胸部、兩手與兩臂,然後往上到頭皮那裡(這可能是純粹的主觀感覺,但一旦體驗之後,就會知道正確的作法)。只要經過一點練習,整個縮放過程應該持續不到半秒鐘,全身上下所有部位一起進行一次短暫痙攣動作,而你就在動作的高潮時分把眼睛睜得更大(同時依然盯著符印),用眼睛「吸入符印」,然後閉上眼睛大聲地笑,這樣就做完了!(然後,也可以想一些完全不一樣的東西等等。)

　　開始做的時候,若有遇到一些小問題,請別絕望。你的肉身就跟身為人類的你一樣,總會有遇到困難的時候,但只要付出一點努力,你就會掌握這技術的真正精髓:電光般的速度。此外,你還會擁有效果甚至比性魔法更快的符印啟動方法!我在研討會中看過與會者於首次嘗試幾分鐘之後就成功獲得自己的符印所指示的效果,而且這樣的例子還蠻常見。

　　注意:在為符印充能之後,你應至少在三個小時內避免冥想及其他誘發恍惚狀態的技巧,像是恍惚舞蹈、藥物、腦機(brain machines(譯註:係指那些輸送光電訊號以協助使用者進入冥想的

機器）之類的事物。由於你已透過逐散及分心以牢牢「關閉」無意識的「蓋子」，建議讓它休息一陣子，在那期間使符印不再有重新浮回意識的可能性。

忘卻符印的速度越快，操作就越有效。

就像一般的招符、護符及魔法儀式那樣，若魔法師想要迅速經驗到施法成功的話，那麼至關重要的任務之一就是意願「忘掉欲望或魔法操作」。若你過去有冥想及控制想法的經驗，在這部分肯定會有不錯的表現。你或許聽過這樣的故事：某人來到師父面前，詢問自己該怎麼做才能開悟，而師父回答：「沒什麼，就像以前一樣繼續生活。喔，對了，有一件事要做——避免想到猴子。」這個人非常高興，在感謝師父之後就起身回家。然而在回家的路上，「我不能想到猴子，我不能想到猴子……」的想法總是無情地縈繞在他的腦海中。[14]

至於忘卻符印在這種魔法形式當中為何如此重要，我們會在後面研究這種魔法方法的可能解釋模型時一併說明。在啟動／內化某個符印之後，你不應思及該圖形符號本身或其內容。由於絕大多數人對於複雜符號及圖形的記憶力相當差（但畫家、符號或象形文字藝術家，或是其他在該領域工作或在視覺特別有天賦的人們除外），因此忘卻符印的動作本身不會造成太大問題，除非該圖形符號的設計過於簡單。（忘記一個正方形或一個三角形可能相當困難。）

忘掉符印的內容及欲望語句。如果欲望的符印或語句意外出現在意識中，就再度進行充能並逐散之。在絕大多數的情況

下，像是透過笑聲來轉移對「猴子」的注意力這種作法就已足夠（《空零之書》也有多次提到同樣的作法，畢竟這是最好的逐散技巧之一）。

你絕對應該找一本簿冊記錄自己的符印工作，哪怕僅是為了日後檢視成功的情況，但符印、欲望語句及其他細節應隱去不提（例如將一張紙蓋在相關部分的步驟），這樣當你打開簿冊或翻閱記錄時，那些符印就不會意外回到自己的記憶。就像形塑欲望語句一樣，你得在永久記憶與完全沒有文字記錄之間找到折衷的作法。

至於等著看魔法操作出現成功效果，**別這樣做！**這也是確保自己把它忘卻的最佳方法。如果忘卻這件事對你來說太費力而且很難進行的話，請嘗試用斯貝爾所謂的「非此／非彼」（Neither/Neither）的意識狀態來應對。雷‧薛爾文（Ray Sherwin）則將其標記為「不即／不離」（Nonattachment/Nondisinterest），或是「正向的無欲」（positive Nondesire）[15]，這應是更準確的說法。所以這部分應屬實行與自律的課題，而非技術的問題。

另一種忘記符印的方法，就是習慣它，直到自己不再有意識地認知它。你或許已從個人經驗當中熟悉此原則。例如你決定每天做一些特別的事情，於是在顯眼的地方貼一張便條紙當成提醒。在幾天之內，這一切都會正常進行，直到你對這張便條紙熟悉到它不再有提醒的作用，所以你最後又回到原點。此時的你只是不再看見那張便條紙與上面的訊息。這現象甚至可以成為符印魔法要達至預期的成功時所需要的無意識行為，只是整個過程更

有可能看起來像是好意有餘但專業不足的作法。我們現在可以將這種行為或感知的模式一模一樣地用在符印上。在為符印充能以後，把它放在顯眼的位置，直到不再有意覺察到它，也可像之前提到的那樣，將圖形符號雕刻在戒指的外側或是雕在金屬板上製成護身符等等。

符印與招符／護符

在充能之前，使用哪種材料繪製最後做出來的符印基本上並不重要。若你崇尚傳統，想要羔羊皮紙的話，當然可以這麼做，但普通紙張就已足夠。[16] 符印在啟動之後通常會被燒掉或以其他方式銷毀，但你也可以拿它們來製作招符與護符，如此就要使用更加耐久的材料。

製作方法之一就是將符印畫在羊皮紙或堅韌的紙張上。若你為它進行魔法充能，可以在啟動之後將少許的性泌液（或者血液或唾液）沾在上面作為支持。在逐散之後，你可將那張紙或羊皮紙捲起來，並用些許紗線或絲線將它纏繞束緊。你可以用純蜂蠟密封此份紙捲，也可以將它縫進某塊絲綢、亞麻布或皮革等材料，就依你的魔法流派所使用的「隔離技術」而定。若你想把它當成招符或護符來佩戴，建議將它做成項鍊或綁在皮帶上。這個魔法工具在達到目的之後，你得要將它燒毀、埋地或丟進水裡。然而在銷毀之前，你可以將它放在流動的水中並用適當的話語解除它的任務。

本書在一開始就已指出，斯貝爾符印魔法的優點是不需繁複的儀式。而且你也不需計算特定的占星星座、卡巴拉數字運算或月相等等。那些繁複又耗時的準備，儘管在其他場合可能很有用，但你的手邊最好至少有一**個**可在不須如此複雜的條件下執行的系統，特別在運作實用魔法的時候。這會使你保持專注、做好行動準備且能靈活應對各種狀況。

符印魔法其實並不需要招符與護符。如果你用正確的方式為符印充能，就已創造出某種「星光（astral）招符」（或「星光護符」），那是插進心靈電腦的新電路板，會持續生效，直到達成目的。這類處於星光層面的魔法武器之優勢，在於它跟實體物件完全無關（代表它永遠不會被有心人士利用）。那些實作經驗很少的「魔法師」，通常會大聲嚷嚷「用正確方式進行保護」的魔法武器根本不會被有心人士利用，但不幸的是，事實並非必定如此。

儀式魔法的初學者都知道自己的儀式會吸引星光層面的存在，就像光源會吸引飛蛾那樣。而魔法武器、招符、護符及其他相關工具也有非常類似的情況：有些人就是會對它們著迷到理性無法克制。警告人們「未經術士許可，不要觸摸他們那些已經附有魔力的工具」沒有多大用處，因為禁制通常會讓整件事情看起來更有吸引力。其實，對魔法師來說，失去護身符（像是被搶走）其實並沒有很重要，這一點可用軍隊的經理官（Army Quartermaster）職位來比喻：他負責保管所屬軍隊的武器與彈藥，然而這樣的職責比較不是出於任何裝備損失都會削減其軍火儲備（雖然這是另一個不應忽視的部分），反倒主要是在確保他人的安

全──亦即那些可能沒意識到此類工具危險性的人們,還有那些或因自己的無知,或被無辜波及而賠上性命或身心健康的人們。某些魔法器具確實具有發展出明確可辨的獨立生命之傾向,此事已不是祕密,而且魔法史上也有許多相關的例證。

在使用非實體符印時,你不必制定冗長的臨終條款,指示那些東西在自己死亡以後應如何處理,好將它們以適當方式停用或是移交給適當的魔法繼承人等等。雖然符印有時或許會再度浮現在你的意識當中,然而這是相當無害的現象。敝人從未觀察到符印發展出完全獨立的存在,或自行停止運作等像是護符、魔法匕首之類的工具有時會出現的情況。

現在我們講到關於施法成功與否的掌握,基本上就跟那些更為傳統的魔法所採用的規則一模一樣。符印魔法當然不是萬無一失的技術,然而許多的實修者反覆證實,它應是目前所有西方魔法體系當中最為有效的技術。如果你的符印工作具有時限(像是一個月、一年或一季等等),那麼對於施法成功與否的掌握會相當容易。你可以在日記的待辦事項特別註記這件事,等到事後再來思索是否成功。若該項施法沒有時限或具有非常長期的目標,就會變得比較複雜。即便如此,在經過一些練習之後,你對它會發展出正確的感覺。雖然你早已忘記自己的符印工作,然而在意識到自己成功達到目標的那一刻,你就會想起此事,而這情況有時可能會讓人感覺很怪。你或許會有類似某位猶太教哈西德派拉比(Hasidic rabbi)的經驗──他感謝上帝從來不會在他有需要之前給他那些東西!畢竟每個人都有權利選擇用何種評估成功的方法並貫徹之。

符印發揮作用的所需時間有點難以預測，有時立刻見效，但有時或許需要幾個月才會生效。據說歐斯曼・斯貝爾可以藉由符印的幫助在幾分鐘之內招來暴雨，也用這方法在眨眼間成功召喚惡魔。只是若將一切功勞都歸在符印魔法及其技術，這說法也過於武斷。當然啦，魔法師的個人才能、那股藏於個人內在的「更大事物」之力、個人魔法宇宙觀的內在一致性、魔法時間的品質（薩滿稱之為「力量時刻」），還有一定程度的機率，這些不容小覷的因素都有可能在瞬間見效的魔法現象當中發揮重要的作用。但這個問題並不是符印魔法才有，敝人先前也有提過。我的操作一般傾向於設下大約6到9個月的時限，這一點跟荻恩・佛瓊（Dion Fortune）一樣。那些短期或中期的操作若在這段期間沒有成功，就應視為失敗。你會在第八章看到更多關於實際運用符印的祕訣。

為了教學起見，敝人選擇從符印建構過程（sigilization）的字製法開始，直接帶領你進行實作，至於符印構建的其他方法不會一開始就講，如此就能避免你因為過早知曉太多技術而造成負擔，畢竟有些環節只能透過實踐來了解。另一原因則是絕大多數讀者比較可能想從字製法開始，因為它是最為簡單、最不複雜的符印構建技術。我們後續將開始講符印建構的其他方法，至於業經討論且同樣適用於這些符印類型的要點則不再重複講述，不過，當然啦，我還是會把作法方面的差異說明清楚。

第4章

圖製法

The Pictorial Method

✡

　　符印的圖製法與字製法、咒製法相反之處，在於不需語言，也不需具體表述的欲望語句，其優點在於直接運用無意識所用的圖像語言，只要你能在不使用文字的前提下，將自己的欲望語句精確轉錄為對應圖像即可。

　　想像自己要去療癒某位朋友，假設他的名字是漢克・米勒（Hank Miller），且患有胃痛。就像伏督（Voodoo）的魔偶魔法那樣，你可以畫出一個人物，寫上這位朋友名字的縮寫（見圖13）。

第 4 章：圖製法

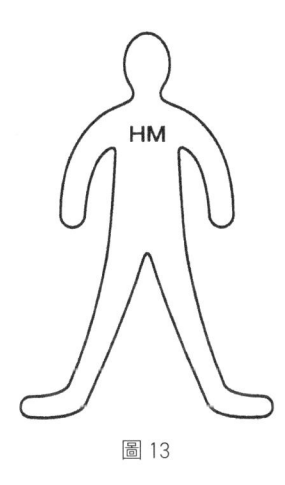

圖 13

然後你可將一根「星光針灸的針」插進這個人形的胃區，讓療癒的能量透過這根針進入受影響的身體部位（見圖14）。

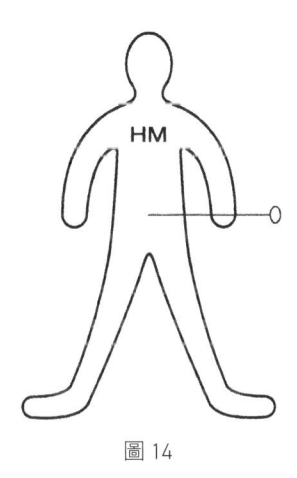

圖 14

現在這符印必須像字製法那樣進行簡約化與風格化。請參考圖 15 與圖 16。

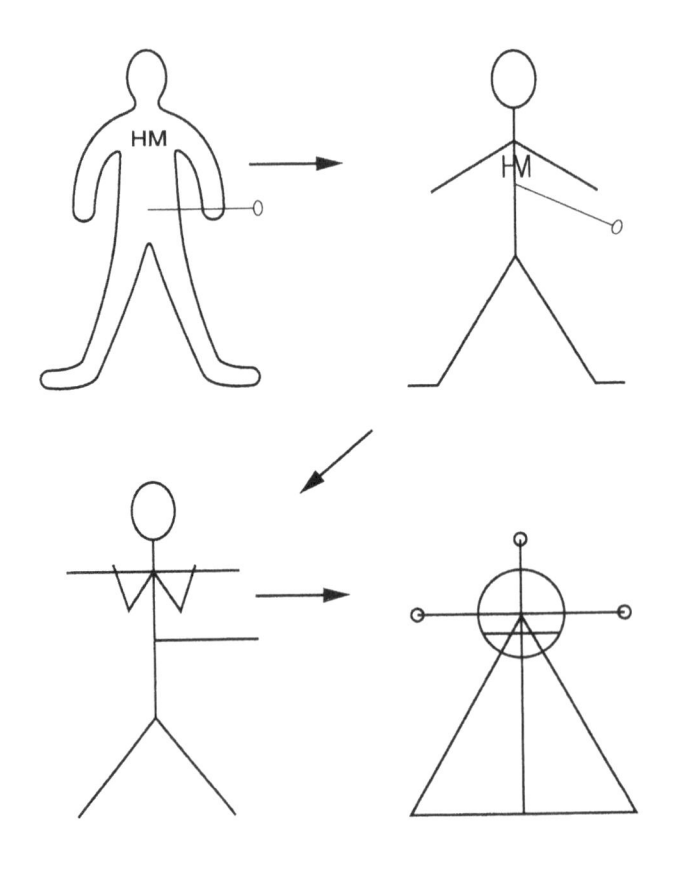

圖 15

第 4 章：圖製法

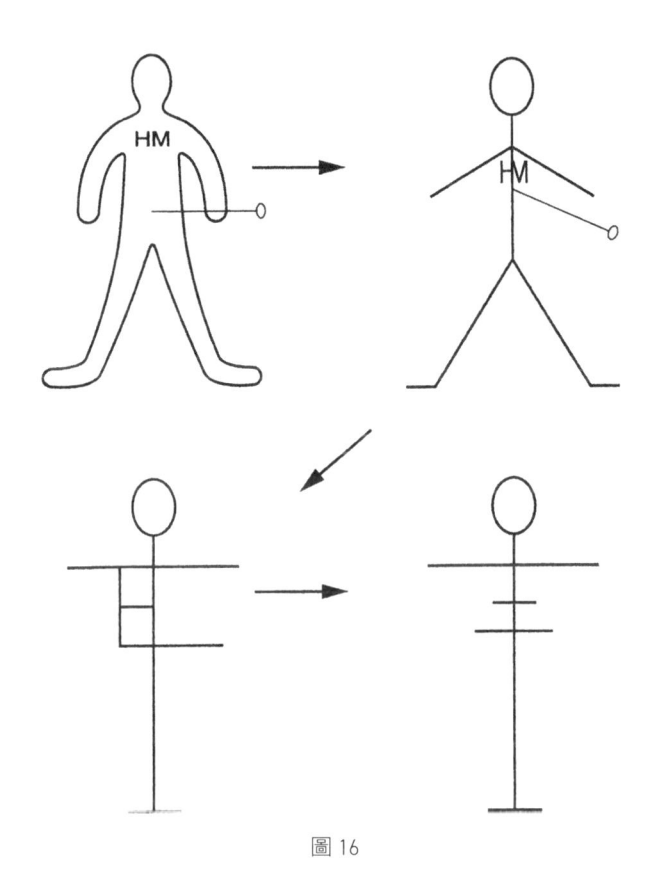

圖 16

　符印的充能或啟動／內化的過程就依第一章與第三章所述方式進行，而忘記整個操作等步驟也適用同樣的規則。

　讓我們來看第二個範例。這裡有兩個人（他們是伴侶）要用所謂的「束縛法術」（binding spell）重修舊好。我們就用 A 男與 B 女稱呼他們。請參考圖17。

實用符印魔法

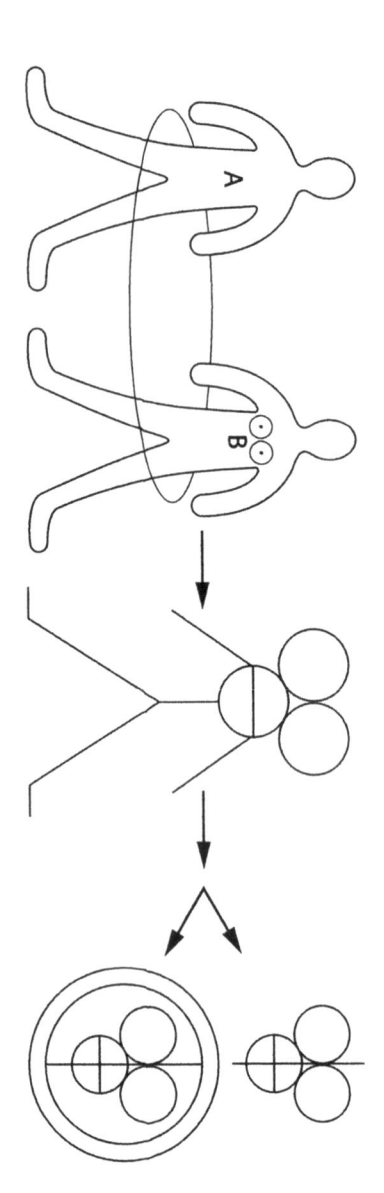

圖 17

若是常用圖製法的話,你很快就會發現自己需要發展出屬於自己的「符號語言」(symbolic language)來處理更加複雜的主題。而這個需要會帶領我們走入第六章介紹的「欲望字母表」之領域。如果你大致熟悉魔法符號,也可將它們當成製作個別符印的「素材」來用,當然還是要等到這些圖形與象徵符號真正成為你的第二天性才行。讓我們再看另一範例以說明這作法。我們想要創造某個魔寵(familiar spirit)或「人造護法」(psychogone),因此需要此類基礎符號,所以就得從祕術符號的豐富歷史寶庫當中選擇。讓我們假設這個靈體應有下列特質:一、努力工作;二、具有結構化的覺知意識及具現自身的能力;三、須為你提供經濟方面的好處。於是我們想要運用土星與地的符號。請參考圖18。

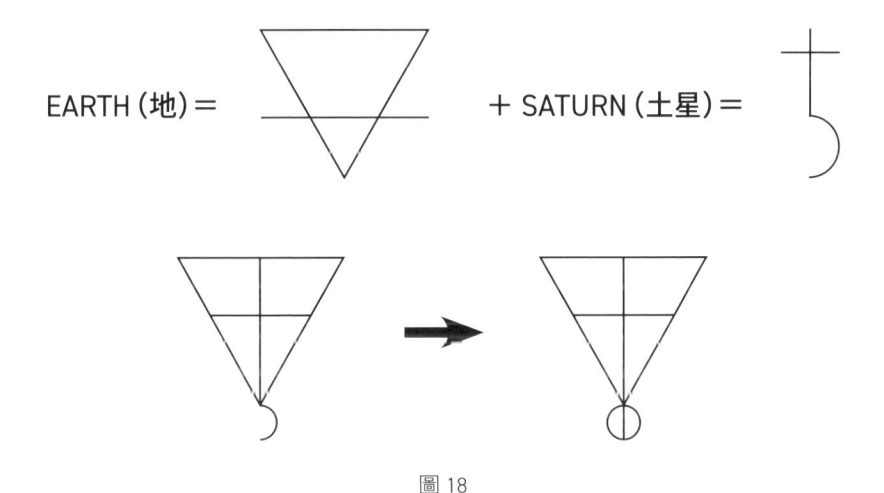

圖 18

我們或許也想從金星領域創造某個用於色慾目的之靈體。為此，我們可以運用圖19裡面的符號。

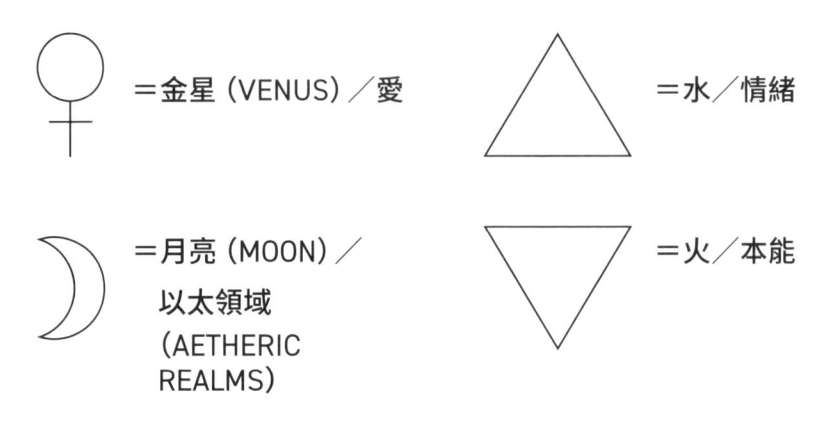

☿ ＝金星（VENUS）／愛

△ ＝水／情緒

☾ ＝月亮（MOON）／以太領域（AETHERIC REALMS）

▽ ＝火／本能

圖19

這些符號在組合之後可形成圖20所列的符印之一。

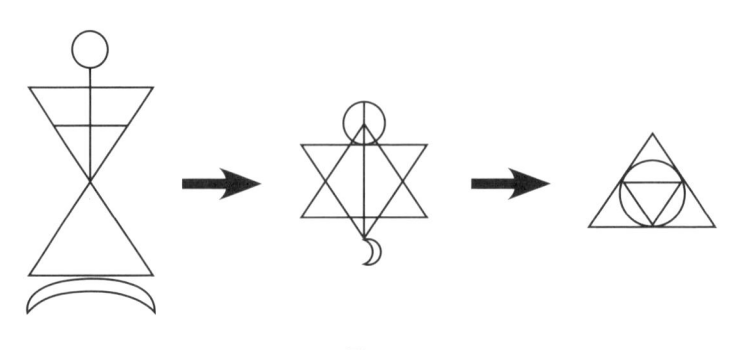

圖20

第4章：圖製法

以下符號或許可用來構成某個用於獲得洞察無限的神祕符印：

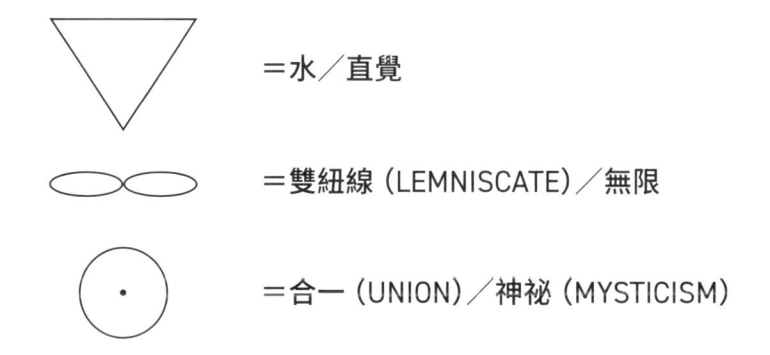

▽ ＝水／直覺

∞ ＝雙紐線（LEMNISCATE）／無限

⊙ ＝合一（UNION）／神祕（MYSTICISM）

至於製成的符印請參考圖21。

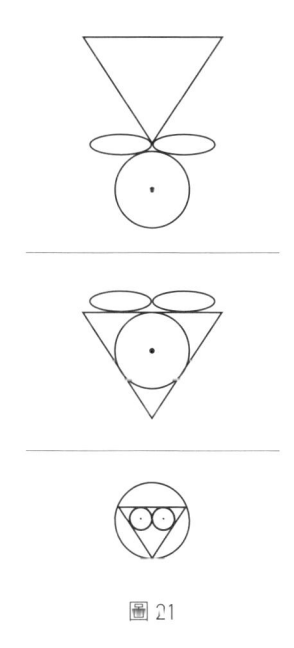

圖21

你自然也可以用希伯來（Hebrew）字母、塔特哇（tattwa）符號（譯註：或許是指金色黎明團體從印度教關於實相的哲學〔tattva〕所發想的圖案象徵系統），或是自己偏好的任何幾何符號，只是現在還沒被賦予意義的圖形符號已很少看到。然而如同前述，你不應只是從書籍複製那些就你來看已無生命或沒有生動感受的符號。當然，你也可以採用以下的思想模式，即認為這些「古老」符號已發展出屬於它們自己的生命，而且已被許許多多的魔法師前輩賦予活力，不過即便如此，你也得先與那些字形、形狀建立內在連結才行，像是經常在相關的魔法環境當中使用它們。

　　有人可能會對此表示異議，認為這種不去製作專屬個人的獨特符印之技術，已違反斯貝爾系統的基礎概念，然而這樣的違反也只是部分而已。構成這類符印的各個元件雖然可能由既定的符號組成，但最終會因基本符號的選擇以及後續執行的簡約化／風格化與裝飾，其結果絕對是專屬個人的獨特符印。我們最後一個範例的符印可按照圖22的方式加以放大。

　　請別忘記，異化（alienation）是符印建構的重要元素。

　　現在我們已概括認識圖製法的一些重要面向，那麼接下來介紹咒製法。

第 4 章：圖製法

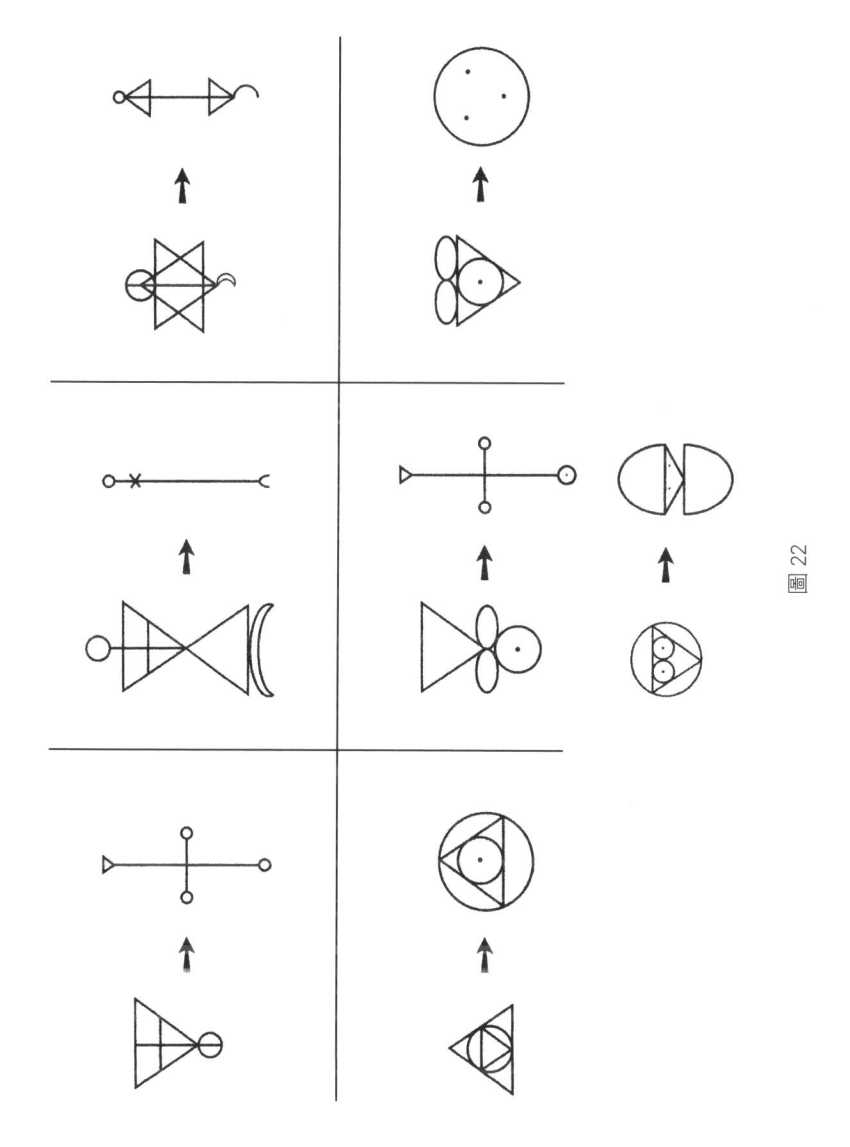

圖 22

第5章

咒製法

The Mantrical Spell Method

✡

「咒製法」基本上是運用「聲音」的符印。建構咒語符印的原則相當簡單，就是將欲望語句轉化成沒有任何明顯邏輯或意義的咒語。而最容易的作法，就是將欲望語句以擬似說話語音的方式寫下來。這或許需要一些獨創性，但這是每個魔法師都需具備的特質，況且——還是要再提醒一下——唯有實踐才有可能臻至完善。讓我們以《空零之書》第21頁所載的例子來示範：

一、欲望語句：
I WANT TO MEET A SUCCUBUS IN DREAM
（我想在夢中遇見某位魅魔）
這句話若用擬似說話語音（依照發出的聲音）來拼字的話，就會變成：

二、I WAH NAR MEDAR SUKU BUSIN DREEM（譯註：這是前面那句話的「口語」唸法。）

三、接著就像字製法那樣，消除那些重複出現一次或多次的字母：

I WAH NAR MEDAR
SUKU BUSIN DREEM

四、所以就剩下這些字母：[17]
IWAH N' MER D' SUK

五、由第四步得出的句子再經重新排列，或是使其更加不像原來的語句，而且還能自行添進一些母音，如此最終得到的是不會拗口且易於發聲的成果：
HAWI EMNER KUSAD（完成的咒語）

　　如要運用咒語符印，你在語言方面需要靈活一些，也要有能夠聽得出韻律的耳朵。做成符印的咒語應當聽起來悅耳（也就是「好聽」的意思）且「像是具有魔法」的感覺。同時，它們也應當與原本的欲望語句差異甚遠到使你認不出來，

咒語符印的啟動／內化

　　符印咒語在這方面跟文字或圖畫的符印不太一樣，通常不會進行間歇（即「短暫且強烈」）啟動／內化，它們的啟動／內化反倒要有節奏且維持同一音調地重複唸誦。而這規則的例外之一是「力量之言」（words of power），這類話語有時會被做成符印，稍後會講到這部分。

　　咒語在東方文化也被用來引發魔法的恍惚及意識的神祕狀態等等，因為長時間單調重複唸誦它們的過程，通常會使意識平靜下來，藉此鬆動心靈層面的審查機制，允許直接連結無意識。當然，咒語在梵咒瑜伽（Mantra-Yoga）、譚崔（Tantra，這裡係指起源於印度教與佛教者）、佛教（包括禪宗！）以及許多其他東方哲學當中具有非常重要的功用。這些咒語可能沒有多少可供識別的意義（例如 HRAM HRIM HRUM），或是也許帶有某種意思（像是 OM MANI PEME HUM，你或許也已知道其意思大致上是「向你致敬，蓮花中的寶石」）。它們也許是在表達某種特定的崇拜形式以及意識的提升狀態。伊斯蘭教（特別是蘇菲派）對於自己的咒語非常清楚，天主教也是如此，例如後者會在唸誦玫瑰經禱文當中使用咒語，還有世界各地的薩滿會運用多種不同的咒語形式，這應是大家都知道的事情。

　　雖然對於咒語理論的深入了解會在運用咒語時有所幫助，然而這部分並不是絕對必要。有的時候，若你出於某種原因（例如條件、教條等等）而只能使用某個特定系統，除此之外的其他系

統均無法使用的話,那麼該系統或許已證明自己才是徹徹底底的障礙。

我們的欲望語句已透過操縱其聲音元素,直到無法辨識其意義的程度而轉成咒語(文字及圖畫符印也是如此)。若可以的話,你現在可以透過連續數小時反覆唸誦這個聲音符印來啟動它。這個過程的單音調將引你進入某種「咒語恍惚狀態」(mantra-stupor,這會自然發生,有時甚至在只唸誦幾分鐘之後就發生);你對於潛意識的指令,已藏在聲音符印裡面,因此可以越過審查機制,在心靈深處順利展現並開始進行其工作。你可能會用像是禁食、長時間缺乏睡眠或過度消耗體力所造成的疲憊恍惚狀態,來支持這個過程。你甚至可以透過睡眠時運用音響設備重複播放咒語來催眠自己,然而就經驗而言,這作法除了用於輔助之外,並不是真正的必要步驟。

在誦完咒語之後,就用第三章所述方法以笑聲逐散並立刻使意識心智分心。

力量之言

若不想形塑冗長的符印咒語,也可以運用如同上述的構造技術來形塑單一的「力量之言」。我們就以之前提到的魅魔召喚為例,其最後完成的咒語是:

HAWI EMNER KUSAD

我們可以取出每個單字的第一音節來構成新單字：
HA EM KU = HAEMKU

也可取每個單字的最末音節來構成新字：
WI NER SAD = WINERSAD

以下是該範例的一些其他可能組合：
WINERKU、HANERSAD、KUNERWI、SADEMHA 等等

你將意識到這技術提供的可能性實是無窮無盡。

啟動／內化力量之言

為力量之言充能時，可像較長的符印咒語那樣進行，亦即以單一音調長時間唸誦之。

或者，你也可以運用第三章所述的技術，亦即像字制法或圖製法那樣間歇進行。然而你不是進行視覺的內化，而是進行聽覺的內化：你要在緊張（無論是性魔法的技術還是各種版本的死姿）的高峰大聲喊出力量之言，而且聲音越大越好，因為這可以驅除所有不安的想法，甚至能在整個大喊期間完全中斷思考能力。這裡要再次強調，別忘記用笑聲來逐散操作，然後將自己的注意力分心到別的地方。澳洲原住民的「死亡吶喊」(death cry) 雖是名聲不佳的技術，也是依據非常類似的原則。

第 5 章：咒製法

　　咒製法唯一的缺點就是不怎麼安靜，因此通常得獨自生活才能使用它，除非你有幸得到可以同理你的魔法「怪癖」——或是完全聽不到聲音——的生活夥伴。任何熟悉咒語系統的人都會意識到，咒語的持誦（即所謂的持咒〔Japa Mantra〕）一般分為三個階段，即響亮、低聲與無聲（或是在腦海中默誦）。在腦海中默誦被認為是咒語的「最高」運作形式，而且相當複雜。無論如何，這些提示應該能讓你嘗試許多不同的咒語技巧。

　　順帶提一下，一些中世紀的咒語似乎很可能是以相同或至少非常相似的方式構建而成。儘管自古流傳下來的咒語配方，絕大多數只不過是殘缺不全的教會拉丁語或希伯來語，而除此之外的咒語，絕大多數幾乎肯定是透過卡巴拉的字母代碼法（gematria）構建而成，或被當成是某種「啟示」來看，然而還是有許多無法就語源學方面來解釋的咒語配方及「召喚野名」（barbarous names of evocation）。無論如何，這論點目前還只是純粹的猜測而已。

　　至於字製法、圖製法與咒製法該怎麼選，很大程度上取決於你自己的性格與喜好。我個人雖然喜歡字製法，偶爾也會用圖製法，然而還是得承認咒製法帶來的結果最快也最驚人——也許這就是我不怎麼喜歡它的原因！所以，對於這三種方法，敝人會建議你都要嘗試看看，這是當然的吧！符印的能量品質或符印給人的「感覺」會因使用方法而有所不同。你不久將會確切知道哪種方法對於哪些特定操作最有成效。身為真正魔法師的你不會容許自己偏重某一方法，因為你知道自己在魔法職涯當中經常會受到挑戰，會遇到各式各樣的問題，所以妥善維持個人的可能性與可

供運用的工具,還有持續練習那些「比較不親近」的技術總會有好處的。

究極的符印無疑是靜默本身,然而這方面沒有可以講的東西,畢竟「道可道,非常道」。

第6章

欲望字母表

The Alphabet of Desire

✡

　　我們即將討論斯貝爾的符印魔法當中最令人著迷的部分之一，那就是「欲望字母表」。它也是最為複雜且最少探索的領域之一，然其原因不僅是文獻資源過少，還有斯貝爾的著作本身相當模稜兩可且難以理解，其對欲望字母表的闡述也自不例外。甚至連斯貝爾的原初看法，我們也只能仰賴肯尼思‧格蘭特[18]來了解相關資訊，然而後者的意圖與其說是透露，反倒看似在隱瞞。

　　顯然，斯貝爾將欲望字母表看作是一套由22個圖形符號組成的系統，而它們旨在表現「性的諸多面向」（aspects of sexuality）——這是斯貝爾使用的詞彙。然而就目前所見，他所出版的著作並沒完整列出這些「字母」，更別說提供相關解釋。儘管如此，關於斯貝爾藉由它們想要表達的意思，還是有些線索可循。就整

體而言，格蘭特似乎非常嚴格依循原著，並給出許多具有啟發的見解。彼得‧卡羅在《空零之書》(第76至87頁)的描述與斯貝爾原初系統的相同之處不一定很多(此一事實係由東方聖殿騎士團的薩納透斯弟兄〔Frater Thanatos〕指出，而他對此事有些生氣)，然而就我來看，卡羅所走的路是對的。截至目前為止，德國作家馬庫斯‧雍寇特(Markus Jungkurth)[19]係唯一較為鑽研斯貝爾字母表的作者。不過，雖然他的確引用了斯貝爾的著作當中些許奇怪字彙來當成解釋，然而關於實際修習的線索卻給的很少，真是相當可惜。

然而，斯貝爾的說法——欲望字母表是人類自己(或其實可能是斯貝爾本人)的無意識所具有的特殊原初語言(protolanguage)之一部分——確實給出一條重要的實用線索，若我們已熟悉建構人工儀式語言所涉及的技術的話更是如此。[20]由於身為魔法師的斯貝爾是徹徹底底的實用主義者，因此不要誤以為他的欲望字母表，是一套明確供全體人類通用的原初語言字母表。這種想法除了牴觸他的整個系統之外，我們也沒有任何足以說服自己相信理當如此的線索。因此，請務必了解以下的說明係出於敝人的個人解釋。下列方法在我的實用魔法工作當中已被證明具有足夠的效果，而其他的系統也有類似的方法[21]，只是我們得承認這樣的作法或多或少會去開發這塊處女地。這方法的優點在於留下足供個人探索的空間，所以可能會特別吸引較有經驗的符印魔法師。

我基本上會在本章講述處理欲望字母表的兩種主要方法，其一是將欲望字母表當成嵌入某個框架當中的結構原則；其二是將

欲望字母表當成是藉由連串的聯想，所創造出來的心靈之鏡。儘管偶有可能出現一些重疊之處，但請別忘記這是兩種完全不同的方法。

將欲望字母表當成結構原則來用

彼得·卡羅在《空零之書》（第76至87頁）以其頗負盛名的簡潔與精確之敘述向我們展示了這個模式。他的系統在展開時，並不像斯貝爾那樣將其純粹建立在性的諸多功能之上。嚴格來說，他的系統更像是一套「情緒字母表」（Alphabet of Emotions）。他將這些情緒排列成「互補的二元性」（complementary dualisms），像是害怕／吸引、喜悅／恐怖、貪婪／厭惡等等。這些互補的二元性，乍看之下並非全都令人信服。例如，每個人都不一定清楚為何萎縮／挫折以及釋放／疏離會被視為「互補的相對事物」，即使卡羅對此有簡短解釋也沒多大幫助。順便提一下，他也沒嚴格遵守斯貝爾對於字母表應由22個字母構成的想法，因此我們有理由認為他的系統應是依循斯貝爾傳統的個人原創。

我們這裡不會詳細解釋卡羅的模型，而是以它作為範例來展示任何人都可創造出屬於自己的欲望字母表。卡羅將自己的情緒以兩兩成對的形式做出分別：欲望／毀滅（LUST/DESTRUCTION）、疏離／釋放（DISSOLUTION/RELEASE）、依戀／憎惡（ATTACHMENT/LOATHING）、狂喜／憤怒（RAPTURE/ANGER）、貪婪／厭惡（GREED/AVERSION）、吸引／害怕（ATTRACTION/FRIGHT）、喜悅／恐怖（JOY/

TERROR)、萎縮／挫折(ATROPHY/FRUSTRATION)。此外還有四種可謂「不用比較」的類別,即笑(LAUGHTER)、去概念化(DECONCEPTUALIZATION)、概念化(CONCEPTUALIZATION)及合一(UNION)。而他在最後還添加了一套「用於瑪互特的補充字母表」(Supplementary Alphabet in Malkuth)到他的系統中,涵蓋所謂的「身體情緒」,亦即痛苦／歡愉(PAIN/PLEASURE)以及抑鬱／興奮(DEPRESSION/ELATION)。

然而他的系統還不只如此,還有五個統合層次(meta-levels)也發揮著重要作用。前三層次係根據煉金術的象徵意義,用來描述每種情緒的「事物三態」:汞態(Mercurial,☿)、硫態(Sulphurous,🜍)與土態(Earthy,🜔)。汞態係指在發洩或狂喜之後意識過度刺激及消融的狀態(參見《空零之書》第76頁)。硫態係指「情緒的正常功能模式」,因此它位於那源自第一原理、可與煉金術「初始物質」(prima materia)狀態畫上等號的汞態與土態之間。土態則是情感的壓抑狀態,以及那些沒有具現／無法具現的情緒。

另兩層統合架構則是基於散與聚(SOLVE ET COAGULA)的諸多原則。散之原則(即分離、排斥、迴避)含括「死」、「恨」、「懼」、「痛苦」與「抑鬱」等詞彙。聚之原則(吸引、聚集)則含括「性」、「愛」、「欲」、「歡愉」及「興奮」等詞彙。我們之前提到那些兩兩成對的詞彙也可用上述更為通用的詞彙來分配,例如愛(屬於聚之層次)包括像是依戀、熱情及狂喜之類的情緒,而

那些與其相對的情緒（憎惡、侵略與憤怒）則歸在恨（屬於散之層次）的範疇。這也許看起來相當複雜，但可能就是如此複雜。

最後應要提到的是，所有這些情緒與原則都有自己專屬的符印或圖形符號。例如：

死（通用詞彙）= ㄎ

破壞（未歸類／情緒層面）= ⋈

性（通用詞彙）= ☾

欲望（未歸類／情緒層面）= A

如需了解更多細節，請參閱《空零之書》。

上述介紹應能展現人類的情緒架構，而我們可運用任何其他有序的系統予以發展，像是地、水、火、風四元素可以用來當成主要分類，還有卡巴拉生命之樹的十輝耀與22條路徑（這可以在《空零之書》找到，在第77與86頁）、黃道星座的12種能量品質、提摩西·立里（Timothy Leary）及羅伯特·安東·威爾遜（Robert Anton Wilson）的意識八迴路模型等等。前人有這樣的說法——「上帝係依照量與數造出這世界」（God created the world according to measure and number）——而人類數千年來也一直試圖從結構化的觀點來了解自己、環境與整體生命，因此要找到「專屬自己」且跟以往系統完全不同的真正原創有序架構，或許沒那麼容易。同時，這讓我們對人類心靈的基本結構有著更為深入的見解，例如那些必定應用於魔法的原型模式。換句話說，某模式是

否會依那些受到腦部或荷爾蒙結構影響的感知架構而定，其實並沒有那麼重要。真正重要的是，事實上我們能在全體人類——也就是每一個人——的心靈當中找到一些算是大家都會有的有序模式。在這方面，研究基督教歷史的專家應會相當懷念經院哲學（scholasticism）在進行唯名論（nominalism）辯論的美好過去；然而，我們——即便係以人類整體而言——沒有解決的業力會永遠困擾我們，並且延續到未來無數世代，這是不爭的事實吧！（譯註：這裡或許係指對於「共相」〔univeral，即不同的個體之間所具有的共同性質〕是否存在的爭辯。作者或許是在表示，業力的延續呈顯出業力是「共相」的事實，因此再怎麼爭辯都無法否定「共相」的確存在。）

我們就以二元論（dualism）為例。在撇除個人的文化或文明背景，還有那些關於政治、歷史、經濟或社會因素之類的影響之後，絕大多數人仍能了解兩極化的思想與感知，即便許多宗教與哲學系統的本體一元論（ontological monism），也是對這種兩極／二元觀點的常見反抗作為，亦即藉由否定它來定義自身。絕大多數的系統（包括純粹的魔法系統，神祕主義的系統更不用說）自然而然都會尋求二極的合成與消融。對於聖杯的追尋，至少在被視為本體論的問題時，基本上已證明二元論的存在。

現在我們了解到，光是透過創造，欲望字母表就已逐漸發展成用於知曉意識的重要工具。若你想按照上述構成方法來建構自己的欲望字母表，就得弄清楚自己想要納入哪些要素，還有哪些要素可以將**自己的心靈**所具有的諸多能量進行個體化。然而，僅

是列出它們還不夠，你還得找到適合套用的框架。

　　讓我們從比較不複雜的例子講起。為求簡單起見，我們就用「地、水、火、風」四元素來實驗，畢竟這是大多數魔法師至少有些熟悉的系統。至於更進一步的框架，我們會依前述理由選擇「二元論」。我們一邊尋找那些形成二極對立的情感及性格品質，一邊將其分配給以下元素（當然，這僅是眾多可能的例子之一）：

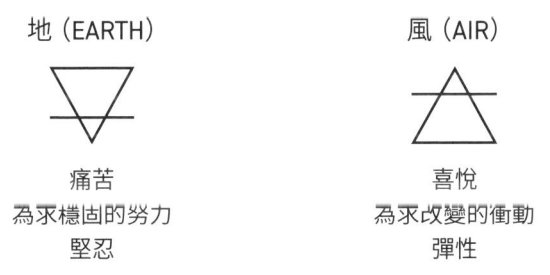

水（WATER）
▽

愛
避戰
基於適應的需要

火（FIRE）
△

恨
侵略
進行征服的意志

地（EARTH）
▽

痛苦
為求穩固的努力
堅忍

風（AIR）
△

喜悅
為求改變的衝動
彈性

現在我將要討論的是符印的語言、符號的原則，至於其具體用途則留到後面討論。而其中一種可能性就是將自己選定的符印繼續發展下去，或許先運用字製法（將所選字彙本身當成符印的製作材料來用），並將得出的結果與其所屬主要類別的圖形符號組合起來，其過程請參見圖23的四個範例。你會看到我們運用對應的基礎符號，並把它與相應詞彙的字母組在一起。

當然，這些聯想會有爭議，例如有人會將痛苦歸在火元素，象徵某種強烈到近乎痙攣的感受；而土元素的痛苦較傾向沉悶與萎靡之類的感覺。這裡也可使用次級元素（sub-elements），像是水中土（EARTH OF WATER）、水中風、水中火等等。請善用你自己的直覺。

你也可以運用圖製法，例如「愛」也許是這樣（ ）或那樣（ ）（這是象徵「結合」的符號），然而這些符號也可能基於一樣的理由而代表「性」。這會使我們稍微探入哲學及心理層次的認知與評估領域，例如若你認為愛是將一切包含在內的原則（這原則並不需要得到每個人的認可！），或許可以選用這個符印（ ）。那麼，對你而言，「恨」或許就是「愛的否定」（例如 ）或是「愛的解除」（ ）。「喜悅」對你來說也許是將能量加速而成為狂喜（ ），也可能意謂高漲到破掉或是克服束縛，即（ ）或（ ）。

在建構自己的欲望字母表時，你會注意到這不僅需要大量的思考與直覺，還得付出巨大的心力與努力。

圖 23

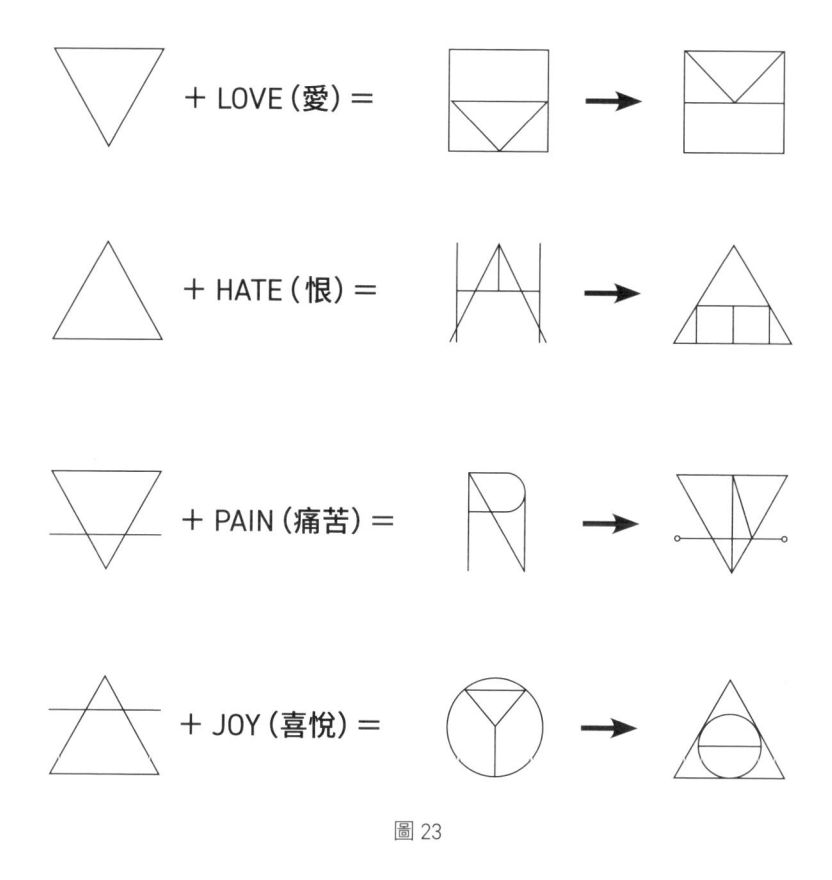

我們現在來討論這種符印語言的優點及其可能的應用方式，之後再繼續探討這類字母表的第二種建構方法。

首先，運用欲望字母表可以訓練以象徵進行思考與感知，這對儀式魔法來說特別重要，它也能增強任何關於徵兆及象徵意義的魔法工作。大家都知道，儀式魔法師即便可能比較喜歡本書所

描述的符印，但還是會運用各式各樣的符號、圖形及圖像（例如五芒星、六芒星、元素武器、大天使的圖像等等）。此外，符號邏輯思維對**任何**魔法師都很重要，無論使用哪種系統來工作都是如此。[22] 藉由運用圖像而非智性概念（即便我們的符號圖形可能代表這些概念），我們得以啟動自己的無意識以及自身內在那股更大事物的源頭。

然而欲望字母表的真正價值，在於當我們運用它時，會有兩種不一樣的能量品質。不過，日常語言對這兩種能量品質的解釋只能到某種程度而已，無法臻至完整。因此敝人在此得要懇求你在閱讀下列討論時，務必將它們當成某種本質上無從描述之事物的探索方法來接受就好。

在一開始，我們應要記住，某些技術若是不斷重複進行的話，潛意識很難不被感動，這一點可從正向思考、自我暗示、自我催眠以及運用咒語所產生的效果看到。我們的咒語符印也是用同樣的原理來運作。透過欲望字母表，我們可以創建某個能**重複使用**的符印儲備庫，這些符印在每次操作時，都會經過增補之後重新植入。例如，將斯貝爾發展用於導入意志的符印（I desire〔我渴望〕＝ ⌒），與欲望語句的其他部分結合起來。這或許足以當成可供重複使用的符印範例，不過由於這裡無法討論斯貝爾的整套魔法哲學，因此我不想更進一步探討他那眾多的抽象符印──像是代表「經驗自我」(the empirical Ego) 或「會去附身的存有」(the possessive Being) 的符印──畢竟那些符印只能結合他那相當複雜的系統來理解。然而，這裡必須指出的是，符號語

言遠遠不只是用圖像套上名詞之後的單純自動組合，還會需要像是「做」、「療癒」、「破壞」之類的動詞，以及像是「與」、「因此」、「但是」之類的連接詞，等到實際運用，你會發現它們非常有用。至於後面這些詞彙所代表的符號圖形，斯貝爾會用一些符印（較為準確的說法是諸多符印的某些部分）來表示，像是 ⟨、Ɋ、ℚℚℚ（用於複數形式）等等。

我們假設你想用以下的欲望語句進行符印操作：

THIS MY WISH FOR B. TO OBTAIN
HEALTH AND STRENGTH.

（我的意願就是使 B 對象得到健康與力量。）

讓我們再接著假設，這句話的一些片段，像是「我的意願就是」、「健康」、「力量」以及「得到」等等，你已經做出對應的符印，如下所示：（譯註：應會發現以下的符印沒有「得到」一詞，這或許是將「使〔for〕B 對象得到〔obtain〕某物」精簡為「某物給〔for〕B 對象」的結果。）

THIS IS MY WISH =
（我的意願就是）

HEALTH =
（健康）

STRENGTH =
（力量）

AND =
（與）

FOR =
（給）

現在就只剩下用來象徵 B 對象的個別符印，你可運用字製法把它做出來。假設你所做出的結果是這樣的圖形符號：⊖⊖。

我們現在就有完整的圖像或符號句子：

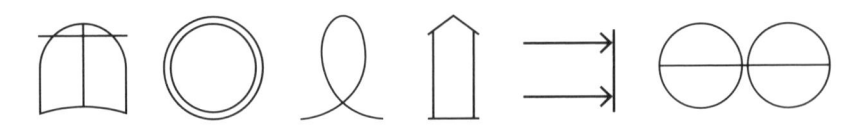

你可以用框線把這句話圍起來：

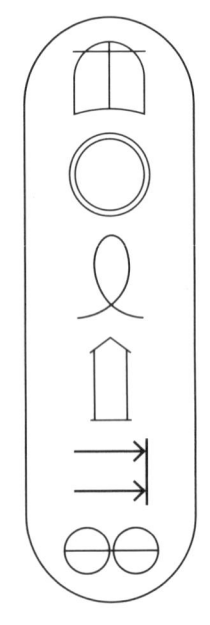

這就是最終完成的符印，更準確地說，是符印句子，至於啟動／內化步驟則仍依循通常的作法。理論上，這符印還有幾個部

分能更進一步合併與簡化,不過多去花費這樣的心思幾乎不會得到對等的效果。運用字製法或圖製法做出來的簡單符印同樣可以輕鬆發揮效用,而且還不用如此麻煩。以慾望字母表製作的符印而言,要求最終完成的符印都精簡到極致的作法有其侷限。

最後還要提出一個許多魔法師也會感到高興(雖然還是跟性格有關)的重點,即欲望字母表也能像本書所討論的其他符印類型那樣應用,且其可能性也不會因為應用而有所減損。一般而言,欲望字母表應該不會常用在具體的成功魔法,而是在強化自己對於自身、內在宇宙及其形象架構的經驗(與創造)。由於欲望字母表很有可能係由諸如「真實」、「認知」、「業力」等哲學術語組成,而無意識比較不熟悉這些術語所具有的抽象性質,因此若是反覆使用或多去使用欲望字母表的符印的話,根據經驗,會比運用前面較不繁複的符印更能確保成功。

斯貝爾在其著作《愉悅之書》(第50頁,註3)(譯註:網路上可以找到這本書的無分頁版本,對應的註解會是註27或註28)指出,不同的符印建構方法會啟動個人心靈的不同層次,但不幸的是,他未能就這一點多做闡述。在實作當中,你會發現情況確實如此,不同的符印構建與充能方法會為它們賦予不一樣的感覺,而這意謂不同的能量品質。就我看來,在這個探索階段當中,只要還沒有足夠的經驗材料以大致涵括符印魔法師所具有的眾多不同經驗,那麼為符印理論開發階級架構與分級模式還為時過早。在這領域最有可能需要的是更為個人化、個體化的模式,如同本章解釋的架構原則那樣,然而這也只能靠時間來證明了。

現在讓我們來看看用於建構欲望字母表的聯想技術及其作為心靈之鏡的功能。

將欲望字母表當成心靈之鏡來用

聯想（association）的技術基本上是**自動書寫**（*automatic writing*）、**圖製法**與**冥想／直覺**的混合。我們從一開始就不用像上一節看到的那樣依序進行，而是依據情況來進行，這代表我們會在進行的過程中發展我們的符印字母表，並將該過程結合最小程度的意識建構。當然，我們會在某些地方運用一些理性，但一般來說我們會「混亂無序地」（甚至可以說「有機地」）進行，而不是運用邏輯推理，更別提思索考慮。讓我們看看下列兩個例子。

第一例

你想用魔法讓自己通過某項學科考試，因此你形塑的欲望語句可以像這樣：「我的意願就是我的考試順利過關。」（THIS MY WISH TO PASS MY EXAMINATION WELL.）喜歡實驗的你，決定運用欲望字母表並透過聯想技術來發展它。你會進入某種**主動冥想**（active meditation）的狀態，並「植入」你的問題。什麼問題？你會有幾個問題，因為你會需要一連串各自不同的符印：其中一個要代表「我的意願就是」（THIS MY WISH），另有一個要代表「考試」（EXAMINATION），還有一個要代表「過關」（TO PASS），另一個要代表「順利」（WELL）。在像這樣的符號語言

當中，通常可以拿掉「我的」（MY）一詞，不會有什麼問題。（譯註：這裡係指「我的考試」裡面的「我的」，不是「我的意願就是」裡面的「我的」。）請要記住，這類語言無論如何都應盡量保持簡單，以強化其象徵意義並更加接近其符號邏輯原理。）

　　現在專注思索以下的問題：「我以後該使用哪個符印來代表『我的意願就是』這句話？」保持拿筆就紙的姿勢並閉上眼睛。（想要的話，可將那些字彙以大寫字母的形式寫在紙頁的最上方。）清空自己的的心智以創造無念無想的狀態。（若想要精確謹慎進行此事，不妨為自己的問題創建一個咒語符印，然後運用它進入自己的意識提升狀態，亦即透過長時間的誦咒以達至後者。）不久之後，你所握的筆就會開始移動，看起來像是它自己在動那樣。當移動停止時，就退出冥想狀態並睜開眼睛。你或許會發現上面只有塗鴉而已，沒別的東西，因為你的潛意識還沒熟悉這種溝通方式。這裡還是要再提醒一下，欲望字母表的完成需要極大的耐心與努力。重複這過程，直到你對結果滿意。你不須在紙上塗鴉數小時，只要幾分鐘就夠了，也可以剪下「塗鴉」的某部分並做成符印，如圖24所示：

圖 24

第 6 章：欲望字母表

THIS IS MY WISH =
（我的意願就是）

EXAMINATION =
（考試）

TO PASS =
（過關）

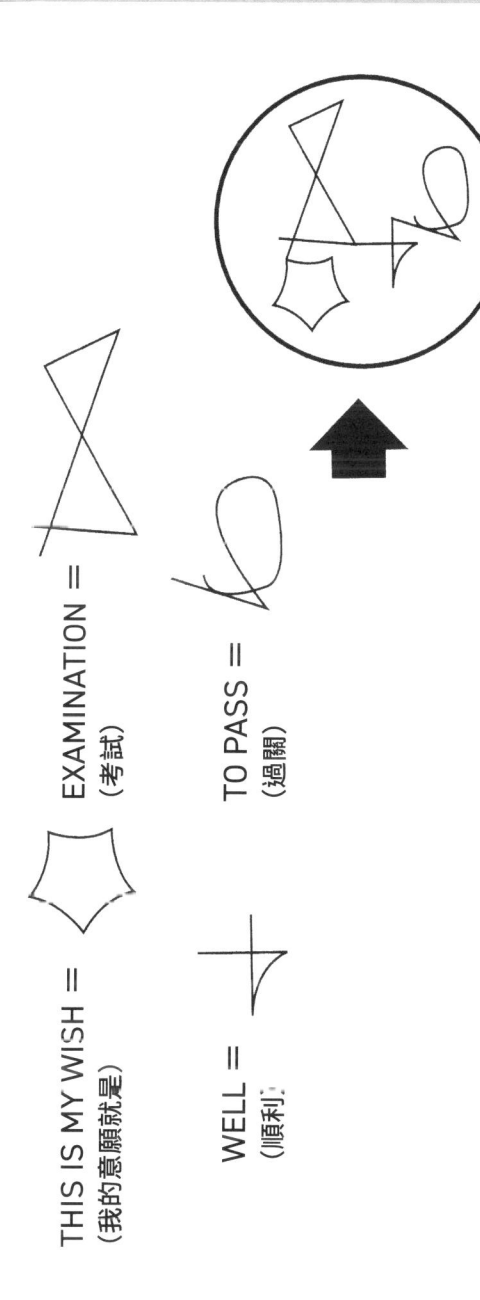

WELL =
（順利）

圖 25

的確，這個符印或許看起來沒有很簡單，但你可以自由實驗，直到找出比較滿意的形狀。不過我得要再提醒一遍，不要嘗試有意識地控制這過程！

　　為欲望語句的其他部分重複該過程。假設圖25就是你最後得到的結果。

　　你或許已注意到，這些範例圖案與人們從中世紀法術書知曉的簽名與圖形符號有些相似。或許，那時的人們跟現在一樣，都喜歡用自動書寫的技術來進行建構。

　　透過這方法獲得的符印，你應將它們收錄在特定的「字典」裡面供日後使用。

第二例

　　假設過了一段時間之後（或許是在考試之後，當然你已經通過），你希望找一份合適的工作。但是，你不想因為指定精確的工作類型及地方（公司、部門等等）而犧牲自己的選擇空間。因此，你所製作的欲望語句也許是這樣：

我的意願就是獲得一份合適的工作。
(THIS MY WISH TO GET A PROPER JOB.)

　　句中的「一份」（A）與「獲得」（TO GET）這兩個字詞並不真的需要。之前運用欲望字母表的經驗到此開始有所回報，此刻的你只需新增兩個符印，其一代表「工作」（JOB），另一象徵「合適」（PROPER），其他符印已在先前的工作構建完成。

第 6 章：欲望字母表

　　藉由跟前面一樣的作法，你獲得的「工作」符印也許長這樣：▷◁。（畢竟「WELL」與「PROPER」可以代表同樣的意思，所以基本上這裡可再度使用前例的「WELL」符印：┼。）

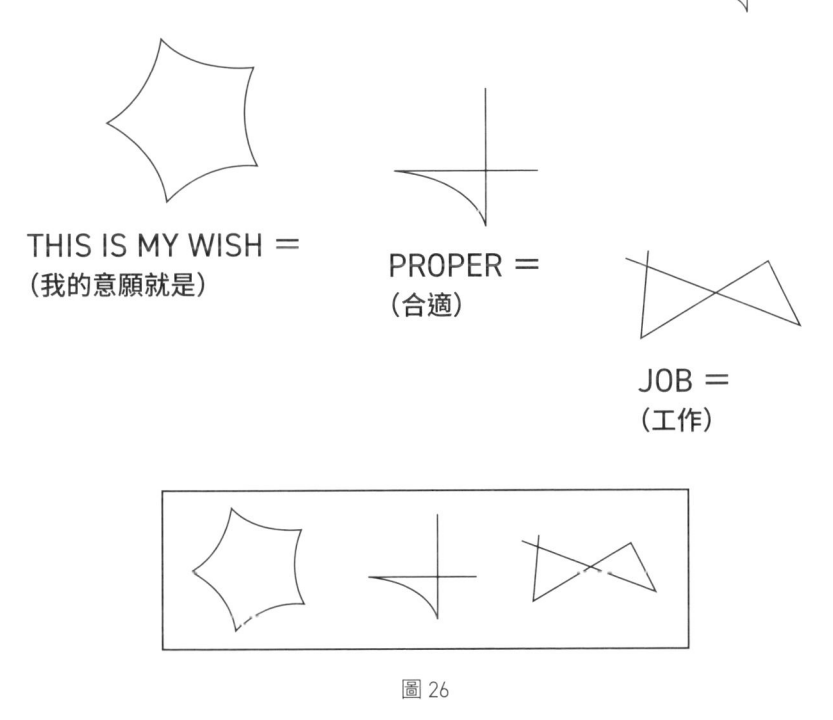

THIS IS MY WISH ＝
（我的意願就是）

PROPER ＝
（合適）

JOB ＝
（工作）

圖 26

　　用於建構這個符印的材料請參見圖26。

　　隨著時間經過，花在構建（或「接收」）單一符印的心力會越來越少，因為你的符印庫藏或符印字典會成長，變得越來越大。這就是此法的主要優勢之一，並且還能為意識與無意識提供時常

且直接的交流。這方法與先前解釋的組構方法不同，你可以不用依序進行，而且可以視需要隨時獲取符印，如此就為自己提供了運用符印清單當成心靈之鏡的可能性，甚至比那些仔細保存在魔法日誌的符印更加有效。你的符印「字典」若已標識出數十或數百個符印及其各自含義，你對於自己進行到現在的魔法工作也就能獲得完整的概觀。這聽起來可能有些微不足道，不過若是你已有系統地實踐這方法三到四年的話，在回頭檢視檢視那份符印清單時，就會訝然發現它所含括的那些只可意會的資訊其實很多。光是這一點就勝過許多冥想課程了！

你也應經常冥想以下問題：自己的那些符印大多真的有對應自己想從生活與魔法當中得到的事物嗎？（若你將自己的使用一一記錄的話，就能檢視符印的使用頻率。）你有注意到任何失衡嗎？哪些詞彙／目標出現的頻率最少？依據你的個人哲學，至少理論上應要強化哪些事物？那麼你的符印清單裡面缺了什麼？你避開哪些情緒？為什麼避開？如此就能將實際經驗的實作與個人的道德觀結合來看，真是可謂一石二鳥。

就實用性及應用多樣性而言，「欲望字母表」應是最佳選擇，不僅如同前述在自我認知、增長知識及自我分析的領域，而且在處理斯貝爾所指出的「返祖復憶」的運作方面，都會有很好的表現。「返祖復憶」的運作是符印魔法最為迷人的面向，也是下一章要專門討論的主題。

第 7 章

運作「返祖復憶」

Working with Atravistic Nostalgia

✡

「返祖復憶」是某個在斯貝爾系統當中發揮重要作用的原則,其有時也被定義為「返祖復現」(Atavistic resurgence)。由於本書的目的並不是完整介紹斯貝爾的整個系統,所以本章只會簡短介紹返祖復憶,並聚焦在其基本結構及在實用符印魔法的可能應用方式。

此法的基本原理就是達爾文的「進化論」(Theory of Evolution)。我相信你應熟悉達爾文的理論,即人類僅是漫長進化過程的當前最終產物,該進化過程從單細胞生物開始,到爬蟲類、哺乳類動物以及我們這個物種,已經持續數百萬年之久。達爾文並沒有像一般流行的「通俗達爾文主義」(Vulgar

Darwinism）（受到教會比較多的注意）那樣強調「人源自猴子」，而是認為我們接下一**切**生命形式的全部傳承，並且確確實實地將這傳承與自己**合併成一體**。儘管達爾文的理論在過去150年以來歷經巨大的轉變與挑戰，然而這種「攜帶在我們裡面的事物」，在很大程度上已由現代遺傳學與人類學、生理學及其他關於人類生物學的諸多學問所證明。

例如，人類的腦部發展就不是平穩漸進的形式，反倒顯示出那些在進化過程中以「附加」（accretions）的形式添入的變化，因此我們其實是將「各種不同的腦」結合在頭骨內腔。而這些腦源自演化非常早期的階段，例如所謂的「間腦」（interbrain，即diencephalon）、「爬蟲動物腦」（reptilian brain）或腦幹（brainstem）。不過再探究下去的話，又會讓我們偏離要講的主題，而去討論達爾文理論的利弊，或是重複提及所有反對達爾文主義的論點（例如拉馬克學說支持者所提出的意見）。就我們這裡而言，真正要去留意的重點，係在斯貝爾的模式當中，**整個進化歷史仍有組織地存於我們的內在**。換句話說，雖然我們看似已經完全克服之前的進化階段並棄下它們，但其實恰好相反，我們的進化還沒達到如此完全的程度。根據斯貝爾及其他許多魔法師的說法，物種發展早期階段的資訊至今仍儲存在我們的基因裡面，或許能予以復甦及利用。（這明顯相似於卡爾·榮格的集體無意識概念，至少近似該概念的可能解釋之一。）這正是「返祖現象」（atavism）所發生的情況，該詞在生物學係指退至進化早期階段的現象。

至於nostalgia（復憶）一詞就需要一些釐清。斯貝爾所用的英

文字彙 nostalgia（取自新拉丁文的 nostalgia），係源自希臘文 notos（歸鄉）與 algos（痛苦），因此它的意義之一就是「思鄉病、鄉愁」（homesickness）。它也關聯到古英文的 genesan（生存）及具相同意思的古日耳曼文 ginesan，而哥德文的 ganisan（獲救、獲癒）也揭露了斯貝爾在使用此詞時的參考框架。他在運用此詞時比較不是「渴望某物（源頭）」的意思──儘管這意思或許也包含在內──而是用來表示有意識地復甦古老原始意識架構的行為。

因此，斯貝爾嘗試透過啟動**基因或遺傳的記憶**以回溯至早於人類之前的意識階段。對他來說，這方法本身並不是運用的目的，因為他的基本前提，就是那些早期的進化階段藏有我們最為偉大的魔法力量，它甚至可能就是魔法本身的源頭。如果我們檢視西伯利亞薩滿、南美薩滿或眾多不同的非洲靈物祭司（fetish priest）實修方法，像是與力量動物一起工作、動物家族圖騰等等，就會發現這一前提應有繼續發展的可能。而魔法的實踐也一再證實此事，根據斯貝爾的說法，魔法意志（magical will，而斯貝爾喜歡稱之為「信仰」）唯有在變成「有機」──即**無意識與肉身**──的時候，才具有最大的功效。我們進入魔法的恍惚狀態越深、回到更為早期的意識階段，就越容易共享其魔法力量，以及最為重要的──引導與使用這力量。

不過，這裡必須提醒的是，像這樣的操作需要**相當大量**的魔法經驗及堅強的心靈穩定性。請別忘記，隨著返祖復憶，我們就進入了那些比人類還要更早出現的生命階段，而當它們被帶進意識層面時，或許會導致非常糟糕的後果。因此，你或許會意識

到返祖復憶不僅會徹底改變自己的整個世界觀，還會徹底改變自己對於道德倫理的一般看法。就某一方面而言，你或許會完全無法承受自己的動物意識（例如你的「爬蟲類動物業力」之類），甚至變得為此痴迷——這種狀況可能會在我們中產階級傳統社會引發非常不妙的後果。然就另一方面而言，這狀況完全符合西格蒙德‧佛洛伊德的主張，即「無論本我處在哪裡，自我就會朝往那裡轉變」（Where Id was, Self shall become），而這狀況若用卡爾‧榮格的術語來描述的話，係屬於「陰影」（shadow）的挑戰，因此從屬於個體化過程。然而你應始終意識到自己正面對極端危險的力量，若有懷疑自己是否準備妥當，即使只有一點點，務必遠離此事，除非你喜好反覆經歷煉獄般的過程。

斯貝爾沒有留下任何關於如何處理返祖復憶的精確指示，然而他的魔法圖畫與石碑（steles）——通常裡面會有他親手寫就的解釋與想法——讓我們對他的可能處理模式有些了解。不出所料，他係透過運用符印來達成這些在意識裡面的變化。

返祖復憶有幾種作法，例如透過建構適當的符印並予以啟動，使我們的意識轉移到不同動物的意識。斯貝爾在這方面很喜歡「業」（karma）這個術語，然而他所講的「業」與此詞的一般意義有些不同。「業」在他的術語當中係指「所有經驗的總和」，所以就像以下示範的欲望語句，我們可依此創建對應的符印：

——**我想要經驗某一隻貓的業。**
　(I WANT TO EXPERIENCE THE KARMA OF A CAT.)

──**我的意願就是獲得某一隻猛禽的意識。**
（**THIS MY WISH TO OBTAIN THE CONSCIOUSNESS OF A BIRD OF PREY.**）
──**我的欲望就是在自己的夢中成為某個單細胞生物。**
（**THIS MY DESIRE TO BECOME A UNICELLULAR ORGANISM IN MY DREAMS.**）

關於前述欲望語句的第一句，彼得‧卡羅在《空零之書與心航者》當中有提到令人難以置信的結果（參見該書第203頁）。我的建議會是，特別在剛開始的時候，**只在作夢狀態**經驗那些返祖意識，直到比較熟悉它們以後，你才可以在日常生活──當然還有魔法儀式──經驗那些記憶。你可將「立刻」（immediately）一詞加入到上述語句，然後藉由欲望字母表的協助，為五芒星盤或石碑充能（譯註：這裡應是將做好的符印繪於五芒星盤或刻於石片上之後再進行充能），以用於特定魔法工作（例如，當成通往不同意識狀態的「門戶」）之儀式。然而這方法也同樣需要大量的訓練與經驗。

另一種進行方法則使用表述較不具體但更為全面的欲望語句，但務請了解此法應是對於上述方法的**增補**而非替代。以下是使用此法的欲望語句範例：

──**我的意願就是經驗自己的返祖意識。**
（**THIS MY WISH TO EXPERIENCE MY ATAVISMS.**）

——我的意願就是經驗在自己出生之前的生命階段。
(THIS MY WISH TO EXPERIENCE THE STAGES BEFORE MY BIRTH.)
——我的意願就是經驗自身生命的源頭。
(THIS MY WISH TO EXPERIENCE THE SOURCE OF MY LIFE.)
——我的意願就是在儀式中經驗自己身為爬蟲類動物的轉世。
(THIS MY WISH TO EXPERIENCE MY REPTILE INCARNATIONS IN RITUAL.)

這個關鍵詞「爬蟲類動物的轉世」看似逐漸往另一種意識回溯技術——轉世療法（reincarnation therapy）——靠攏。然而符印魔法師的意圖並不在於治療，而是運用返祖意識來更進一步強化符印或開始進行魔法操作，例如某人在處於「爬蟲動物意識」時進行充能的招符，會比他處於正常的魔法恍惚狀態時進行充能的招符發揮更大的效果。不過，我們當然也得要記住，所有這些返祖意識狀態都有其優缺點。要求大腦小到幾乎沒有發育的爬蟲類完成高智力工作，是十分愚蠢的作法。鳥類的轉世無法給予許多關於水下生活的知識，而魚類的業無法處理關於草原狩獵或購買汽車的問題——儘管它可能非常適合用於買潛水艇！我們必須學會用最佳的方式選擇及使用這些專家。

與動物共事係悠久的魔法傳統，絕大多數「原始」部落至今仍有這樣的作法。就連像是法朗茲‧巴東（Franz Bardon）這樣的「城市魔法師」，也在其《赫密士思想入門》（*Initiation into*

Hermetics）一書當中的「魔法心智訓練」（magical mental training）第四級推薦這作法。蘇賈・蘇阿諾－塔（Sujja Su'a'No-ta）也在其著作《元素魔法》（Element-Magie）的第一部分介紹這作法。還記得過去的宗教裁判所會過度關切巫者的魔寵嗎？現代科技在很大程度上成功壓抑我們生命當中的動物面向，因此這種魔法技藝在我們的文化幾乎消失無蹤。另一方面，我們能藉由此法的協助，妥善平衡現代文明過度強調人造與科技的趨勢。

　　若要用可以預期的可靠方式運作返祖復憶，通常需要多年的練習來準備。人類也是演化過程當中的某一物種，只是我們在過去為了進化而太過用力奮鬥，使得自己的意識與審查機制，不會完全袖手旁觀我們冒著再度摧毀一切的可能性，刮除自身那一層名為「文明」的亮光漆。這方法之所以得實踐多年以後才能真正精通，其原因之一在於個人要趁這段時間達到心靈的整體穩定。個人心靈若沒有達到這樣的穩定程度，大腦就永遠無法處理類似洛夫克拉夫特式恐怖故事（Lovecraftian）那樣非屬現世的生命經驗。此外，若我們認可這個進化模型，就必須始終保證自己是在為進化跨出新的步伐，不然自己的整個生物體系統會被自身基因警報機制摧毀。最後，從進化的角度來看，我們僅是由眾多部分組成的單一普通生物體，所以承擔不起過度毫無節制的回溯。因此，我們得要向這個生物體（在將其擬人化的時候）「獻供」（otter）某些事物以促進它的集體發展。唯有如此，我們才能運用它那龐大的力量資源。

　　儘管復甦特定或不太特定的返祖意識會招來許多風險，但是

有一小群魔法師始終認為這就是個人魔法技藝的巔峰，是他們的至高理想之一。今日係由昨日延續而來，若我們偏好思索「我是誰？」、「我從哪裡來？」與「我要去哪裡？」之類的靈知問題，說真的，我們要是沒從這類實踐當中獲取幾近無限的知識，就無法做這樣的思考。返祖意識帶領我們回到一切生命的源頭，無論我們將這源頭稱為大爆炸（the Big Bang）、上帝、否在（Ain）、深淵（Bythos）、混沌（Chaos）或任何我們喜歡的名稱都是如此。就這方面而言，「復甦的返祖意識」（reanimated atavisms）之魔法也象徵神祕與哲學兼具的處理方法，這方法選擇「直接透過肉體」的途徑，不像西方常見作法，即只使用靈而不去顧及那副從一開始就讓靈得以存在的肉身器皿。這裡必須補充一點，即符印魔法並不是唯一的魔法途徑，所以想要的話也可將「肉體記憶的途徑」結合那些純粹心智與神祕的途徑，這很容易進行。

　　返祖復憶為我們提供了許多尚待探索的面向，而那些處女地在其無盡等待當中，也盼著我們去發現與記錄呢！

　　最後我想提一件事情，即當前的經驗顯示，在返祖復憶方面，運用圖製法或欲望字母表創建的符印所產生的效果，會比其他圖形符號更好。其原因或許是這些方法在某種程度上更為「原始」（至少對我們來說是這樣），不過這當然可能只會對應主觀的架構而已。儘管如此，敝人還是強烈建議在返祖復憶這領域用欲望字母表來實驗，因其能力在這領域可以得到最為充分的發展，且其能量似乎最適合用於這類型的魔法。運用結構化的字母表還能提供額外的好處，即我們的經驗可以更加穩定，在某些情況下

還會更加實在。另一方面，用聯想來建構的字母表通常會為我們提供非常強大且立即生效的符印，因為它的圖形符號會比其他技法（圖製法可能除外）更為「直接」地從無意識及遺傳記憶裡面冒出來。

這兩種不同的字母表建構方法的確可以相互結合，因此，例如我們也可以像斯貝爾那樣建立22個基本圖形符號（當成通用或基本詞彙來用），然後使用自動書寫的聯想方法添加任意數量的純功能圖形符號。個人的實驗欲望其實無窮無盡，務請記住，勝利屬於勇者。

第8章

那麼,它是如何運作呢?

But Hoe Does It Work?

在先前的解釋當中,你或許已經注意到敝人經常提到「無意識」,而符印在「植入」無意識之後會開始像善良小仙靈那樣運作。無意識確保符印「有血有肉」(sigils "will flesh")(這是斯貝爾自己所講的話)。關於「轉世」一詞,我們千萬不要忘記,符印本身在魔法的整個過程中只是次要的角色,而斯貝爾甚至聲稱,每個進化步驟根本就是「肉身」所做出的無意識行為,例如動物只在飛行的欲望變得「有機」的時候才開始發展出翅膀。這樣的主張看似怪異,但它基本上僅是在改寫某個早已存在的理論,那就是一切創造都是依據神性(the Godhead),或是依據混沌(the Chaos)或「轉世意志」(incarnated Will)的意志行為。符印是承載

魔法師意志的「血肉身軀」，因此它的功效就是該圖形符號的「轉世」。

如果我們真的想要解釋為什麼符印會開始運作，就得從整體觀點來解釋魔法，但不幸的是，這方面的解釋多為混亂無序。我的意思是，解釋的模型不是沒有，事實上，模型越多，新模型的構建就越容易。但模型就只是模型而已，無法真正證明任何事情，最多也僅是為對應的過程提出描述而已。現正努力爭取人們認可為一門「科學」的心理學，在過去剛開始發展的時候，就有用來解釋人類靈魂的模型，雖然它本身有缺點，但對我們來說還是很有用，那就是由**意識**（the consciousness）、**審查機制**（the censor）及**無意識**（the unconscious）構成的模型。此外，還有分成**本我**（the Id）、**自我**（the Self）與**超我**（the Superego）的模型，有些作者甚至為無意識與潛意識做出更加精準的分別，不過確立出意識／無意識／審查機制的模型幾乎到處都有。但這僅是模型而已，並不是可以符合物理學或其他要求「確切」科學標準的科學客觀事實。佛洛伊德與榮格都沒有走偏到將解釋模型與自然法則搞混，但現代許多祕術家常有這樣的傾向。

當然，斯貝爾或許會因過度拘泥於當時（即1909至1913年撰寫《愉悅之書》的時候）佛洛伊德的嶄新精神分析模型而遭受指責。若我們從斯貝爾的解釋來反思其意圖，就會覺得他對意識的敵意幾近狂熱。他認為，只有無意識才擁有魔法能力及力量。這就是斯貝爾之所以如此強烈強調將符印忘記的必要性，因為他認為意識是我們得一直要去提防的潛在敵人。

就斯貝爾那時候的人們來看,或許會認為這是合理的論點,而現代的人們或許也是抱持同樣的看法。許多符印魔術師得出這樣的結論,即最好構建多個符印,並擺在一旁幾週或幾個月,等到完全忘記符印的內容(還有其構建目的)時才進行啟動/內化。這技術似是合理,不過,它自然只適合長期操作。無論如何,符印的功效取決於它們從意識當中被抹去的程度有多徹底,這是不爭的事實。

雷‧薛爾文提出了頗具吸引力的解釋模型。[23]

薛爾文的模型

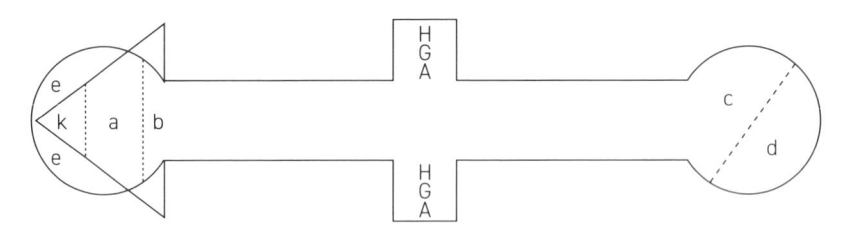

在解釋這模式的圖例之前,以下是需要先知道的事情:薛爾文認為神聖守護天使(the Holy Guardian Angel)(參見「亞伯拉梅林」〔Abramelin〕的魔法系統)是心靈審查機制(這個有點非傳統的詮釋係源自混沌魔法)。而薛爾文在模型圖例中係用 k 點來描述從斯貝爾系統取用的「全我」(Kia)一詞並予以解釋。

現在，a 與 b 合力構建符印，然後符印得要植入 d。若 d 拒絕接受這符印，很有可能是因為 d 不了解它，或許是太過複雜，或是 a 與 b 使用與 d 不相容的符號、象形字與表意文字。薛爾文指出，根據阿列斯特・克勞利的說法，只有能與神聖守護天使直接溝通的魔法師，才能達至直接與無意識溝通的境界。轉變的覺知狀態，也就是 c，象徵 a、b 與 d 之間的交會點。它可以完全關閉審查機制，使這些心靈區域之間能有直接的接觸。

a = 自我（Ego）、意志（Will）、信念（Belief）
b = 覺知（Awareness）、知覺意識（Perception Consciousness）：個體性（Individuality）、醒覺（Awakeness）
　　HGA = 神聖守護天使 = 審查機制／反應機制
c = 轉變的意識（Altered Consciousness）、「意識的閾態」（liminal state）
d = 潛意識／無意識、睡眠、真實意志（True Will）
e = 巨觀宇宙（Macrocosm）、混沌
k = 全我（Kia）、靈魂、不具自我的個體性

首先要講的是，這模型跟絕大多數的模型一樣，有著過於片面的問題。它假設審查機制的屏障是絕對的，是一種「半滲透式」的膜或濾網，僅允許單一方向的移動（即從 d 移動到 a／b），同時阻止所有的反向移動。這當然是一種誇大的描述，因為就這模型而言，我們無法解釋具有意識的知覺為何或許會儲存在無意識中（畢竟這是事實，可從我們的夢會持續消化當天未竟之

事得到證明；而我們的記憶與受到制約的情緒等等也是如此）。此外，這模型並沒有考量到無意識一直都在參與一切人類行為，即便在有意識地構建符印時也是如此，畢竟無意識是我們心靈當中唯一不分晝夜、隨時保持活躍的部分（這個特性跟每天都需要休息的意識完全不同）。

　　接下來，我想介紹自己的另兩個模型，它們當然也有缺點，不過應能有助於描述整個過程。

　　儘管模型一的審查機制閾值被認為比薛爾文模型的對應部分更具滲透性（即使只是稍微多一點而已），但意識與無意識之間通常沒有直接聯繫（或者程度甚小）。（想像它就像篩子那樣，只會讓最小的顆粒從那些孔洞穿過去。）而狂喜的通道會繞過審查機制的濾網，狂喜的壓力（係指魔法的恍惚狀態）則是暫時去除那些處在意識與無意識接口的半滲透膜。如此一來，它就創造出了可供「大規模」交換的可能性，因為它繞過──甚至有時削減──實相的屏障，也就是原本用於感知與評估一般日常實相的侷限區域。這純粹是用於描述心靈內部的模型，無法解釋意識的諸多轉變狀態，或是意識與無意識（此詞請唸作「魔法」）之間的任何交流方式或許都會對物質層面造成影響的原因。

　　這類模型也被稱為心理主義（psychologism）模型。在符印的研究當中，敝人之所以關注這領域係出自方便使用及容易提取的考量，並無抱持任何所謂魔法只能用心理學術語來解釋的特定信念。

第 8 章：那麼，它是如何運作呢？

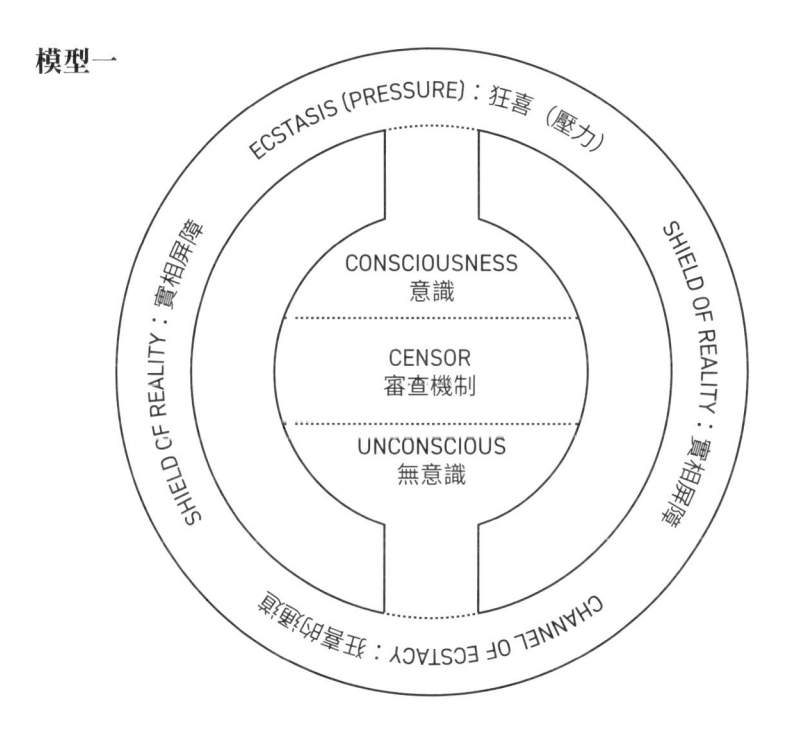

模型一

```
        ECSTASIS (PRESSURE)：狂喜（壓力）

    SHIELD OF REALITY：實相屏障        SHIELD OF REALITY：實相屏障

              CONSCIOUSNESS
                  意識

                CENSOR
               審查機制

              UNCONSCIOUS
                 無意識

        CHANNEL OF ECSTACY：我量的運道
```

　　最後要提的是敝人的另一個模型（模型二，參見第107頁），係改編自現仍廣受魔法圈讚賞的神智學（Theosophy），它採用球狀結構，同時也將前述的心理主義模式整合進來。

　　這裡的層面（levels），若在過去會被認為是階層式的分層，現在則是被理解為相互交疊的「振動諸態」（states of oscillation），當然這沒法用平面圖畫表現。用 a 表示的探管（probe）是雙向可通的進出閥。而 a' 表示的是雙重探管，不僅可以透過它控制意識與無意識之間無審查機制介入的直接接觸，意識還可透過它直接與

心智領域接觸（同時避開審查濾網及星光層面），然而通道 c 只有處在「覺知的轉變狀態」時才可使用。意識與無意識各自的「夢層」都可直接連到星光層面。清明夢（Lucid dreaming）意謂夢境與心智層面出現交會，這情況非常少見。為了使符印產生效果，符印化過程（sigilization）應要在 c（即意識的轉變狀態）裡面進行。這裡要注意的是，意識無法直接連結因業層面，而無意識只能透過因業層面間接連結實體層面。根據神智學的模型，因業層面主導所有其他層面並予以控制。種種起因係透過魔法的方式植入因業層面，而它們通常會在實體層面具現為「無從解釋的奇蹟」、「奇異的巧合」等等——亦即一切被當成魔法來理解的現象。

　　說到底，像這樣的模型在認知上毫無真正價值可言，我們所做的一切就是嘗試透過猜測（這裡係指心靈架構模型）來解釋未知事物（這裡係指魔法的運作方式），然而，除了把圖例做出來之外，什麼也沒有達到。無論如何，這樣的圖例還是能夠相當滿足我們的理性邏輯，還有軟化那個就某方面而言，似是真實存在的審查機制。（我們也可將這機制稱為「未知障礙」，它使人難以掌握及操縱魔法宇宙。）當然，我們可能會非常有意識地強行耗去自身理性來達到靈知的恍惚狀態，例如耶穌會（the Jesuits）係實踐其魔法技藝「**因為**它荒謬，所以我相信它」（*credo quia absurdum est*）以達至這境界，就像禪宗的臨濟宗及其公案那樣，然而在這樣做的時候，我們就已離開理性認知的領域，而回到程序技術的領域。

模型二

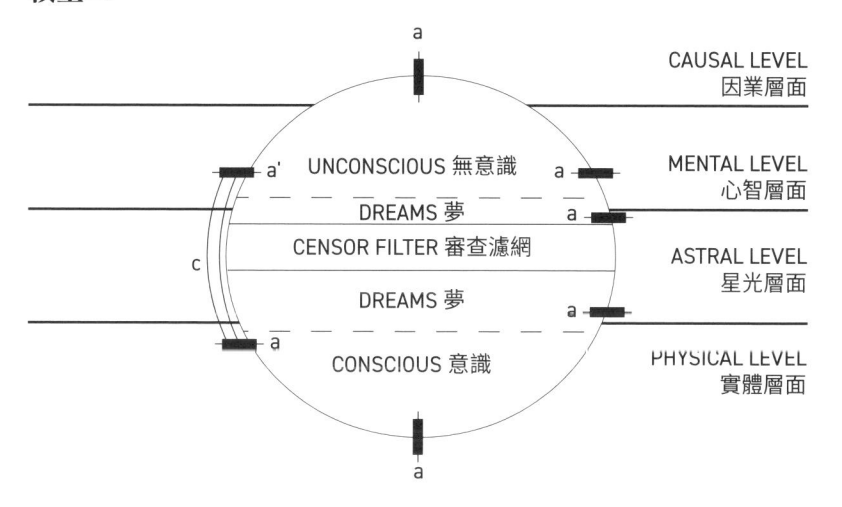

```
         a
    ┌─────────┐
   a'│UNCONSCIOUS 無意識│ a      CAUSAL LEVEL
     │                 │        因業層面
     │─── DREAMS 夢 ───│ a
   c │CENSOR FILTER 審查濾網│   MENTAL LEVEL
     │                 │        心智層面
     │─── DREAMS 夢 ───│ a
    a│ CONSCIOUS 意識  │        ASTRAL LEVEL
     └─────────────────┘        星光層面
         a
                                PHYSICAL LEVEL
                                實體層面
```

a =「閥」(ventile) 或「探管」(probe)
a' =「雙重閥」或「雙重探管」
c = 溝通管道／覺知的轉變狀態

　　若覺得這樣的探究很有趣,你或許會發展出自己的魔法解釋模型。這樣做的好處,就是在自己的意識與無意識當中(若你想要持續待在心理主義裡面的話),對魔法建立更為堅定的承諾,從而使魔法更加容易融入日常生活。不過,請別忘記,雖然這樣的探究無疑相當有趣,但也只是在打發時間而已。

　　若你原是期望在本章找到對於魔法、生命、宇宙及一切事物的最終解釋,那麼現在可能會有點失望。若是這樣的話,請試著

運用克勞利最喜歡的格言之一來克服之：「知道『怎麼做』的人不會在乎『能這樣做的原因』。」(He who knows the HOW does not care about the WHY.) 你可以透過實踐來確立「怎麼做」——況且實踐無論如何都會比沒有把握的模糊推測更能產出許多成果。

第9章

用行星方陣
構建符印

Constructing Sigils with Planetary Cameas

　　魔法數字方陣（magical square），或稱行星方陣（cameas，譯註：另一常見拼法為 kameas），常被用來當成構築個別符印的基底。事實上，行星之靈（planetary spirits）及行星之魔（planetary demons）的傳統符印（譯註：兩詞通用），即是藉助行星方陣以卡巴拉的方式建構而成。由於此技術屬於符印魔法重要分支之一，而且知道此法的人比較不多，所以會在本章概述此法。

　　以下的解釋係基於伊瑟瑞爾・磊加棣的優秀著作《如何製作及使用護符》（*How to Make and Use Talismans*），雖然這位作者係參考金色黎明的舊有資訊，且也有其他作者在各自的著作解釋該系統，然而該書所給出的摘要非常清楚。[24]不過，如要運用這類系

統，就得要有卡巴拉神祕學及行星魔法的紮實基礎知識。不幸的是，這些知識無法放在這裡教授，且會偏離我們的主題。因此，讀者若對這些學問不太熟悉的話，務請參閱本書參考書目列舉的相關文獻。

這種符印構建方法的根基是「阿伊科貝克爾」(Aiq Bekr)，又名「九室卡巴拉」(Kabbalah of the Nine Chambers)。希伯來字母表的每個字母都各自對應某個數值，請參見列於後頁的希伯來字母數值對應表。

這些字母係依據其十進制數值分別排入九個「房間」裡面：

Shin	Lamed	Gimel	Resh	Kaph	Beth	Qoph	Yod	Aleph
ש	ל	ג	ר	כ	ב	ק	י	א
300	30	3	200	20	2	100	10	1
字尾 Mem	Samekh	Vau	字尾 Kaph	Nun	Heh	Tau	Mem	Daleth
ם	ס	ו	ך	נ	ה	ת	מ	ד
600	60	6	500	50	5	400	40	4
字尾 Tzaddi	Tzaddi	Teth	字尾 Peh	Peh	Cheth	字尾 Nun	Ayin	Zain
ץ	צ	ט	ף	פ	ח	ן	ע	ז
900	90	9	800	80	8	700	70	7

第 9 章：用行星方陣構建符印

א	A	1		Aleph
ב	B, V	2		Beth
ג	G, Gh	3		Gimel
ד	D, Dh	4		Daleth
ה	H	5		Heh
ו	O, U, V	6		Vau
ז	Z	7		Zain
ח	Ch	8		Cheth
ט	T	9		Teth
י	I, Y	10		Yod
כ	K, Kh	20, 500	ך	Kaph
ל	L	30,		Lamed
מ	M	40, 600	ם	Mem
נ	N	50, 700	ן	Nun
ס	S	60		Samekh
ע	Aa, Ngh	70		Ayin
פ	P, Ph	80, 800	ף	Peh
צ	Tz	90, 900	ץ	Tzaddi
ק	Q	100		Qoph
ר	R	200		Resh
ש	S, Sh	300		Shin
ת	T, Th	400		Tau

依據使用的魔法行星方陣，有時得要降解某數字的值，以便在繪製符印時可以連結該行星方陣裡面的相關數字。我們就以磊加棣在前述著作（第15頁）提到的火星之靈巴扎貝爾（Bartzabel）為例，其名字在希伯來文是這樣寫的（書寫方向為由右至左）：

Lamed	Aleph	Beth	Tzaddi	Resh	Beth
30	1	2	90	200	2

以下是火星的魔法行星方陣，其一為數字版本，另一為希伯來字母版本：

11	24	7	20	3
4	12	25	8	16
17	5	13	21	9
10	18	1	14	22
23	6	19	2	15

אי	כד	ז	כ	ג
ד	יב	כה	ח	יו
יז	ה	יג	כא	ט
י	יח	א	יד	כב
כג	ו	יט	ב	יה

你會發現這個魔法方陣裡面沒有數字200、90與30，若將這些數字裡面的0通通刪掉，就得到2、9與3。因此，以下就是我們得出的數字順序（也是由右至左排列）：3／1／2／9／2／2。

第 9 章：用行星方陣構建符印

用這種方式繪製的符印，通常會用或捲或圈的花體筆畫（curlicue）作為開頭，結尾則畫下一道短線（stroke）。若有接連出現的兩個相同數字，就會畫兩條弧線來代表。我們可從圖27看到這個符印的樣子。

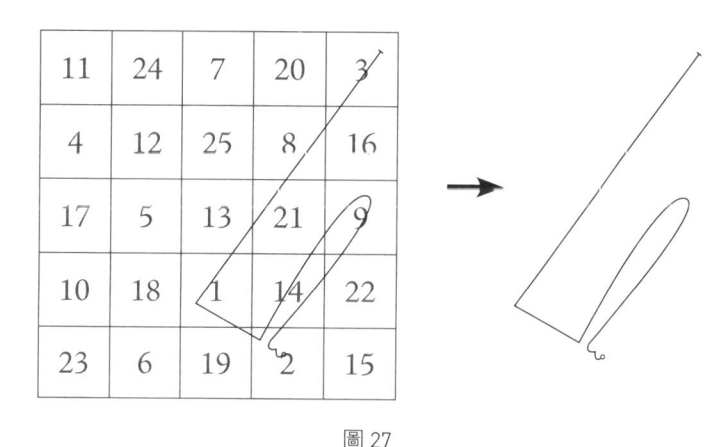

11	24	7	20	3
4	12	25	8	16
17	5	13	21	9
10	18	1	14	22
23	6	19	2	15

圖 27

在每個編進數字的行星方陣旁邊，會有一個依據數值編入希伯來字母的方陣，若你想依據赫密士傳統構建符印的話，這個方陣應可省下許多麻煩。以下圖案係取自阿格里帕經典著作《祕術哲學》第二冊（*De Occulta Philosophia*, Vol. 2, 1533）。

以捲圈的花體筆劃作為開頭，並以短線結束，這就是行星符印在開頭與結尾的標記規則，然而這規則從過去以來並沒被嚴格遵守。這個規則或許是阿格里帕為了防止誤用而想出來的辦法，亦即藉由標記符印的開頭與結尾，我們就擁有召喚過程中繪製該

符印時所需要的筆劃方向資訊（但這不包括組合式的符印）。由於我想要呈現這些傳統符印的樣貌，因此刻意不去「修正」它們，亦即不加入我個人對它們的更動。此外，不熟悉該主題的讀者若有在其他傳統文獻看到同一符印的不同版本的話，加入這些修正或許會讓他們感到困惑。然而，為了練習起見，敝人建議你重新繪製以下的符印並視需要做出修正。

諸行星的魔法行星方陣
暨行星之力、智與靈的印記與符印
查閱表
(以下內容係依循阿格里帕・馮・涅特斯海姆所著的《祕術哲學》第二冊，1533 年)

（譯註：原文在此查閱表提到的「行星之魔」，均改回《祕術哲學》第二冊相應篇章的「行星之靈」。）

土星的查閱表

數字　　　　　　　希伯來字母

4	9	2
3	5	7
8	1	6

ד	ט	ב
ג	ה	ז
ח	א	ו

印記或符號

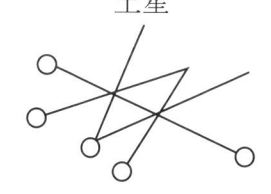

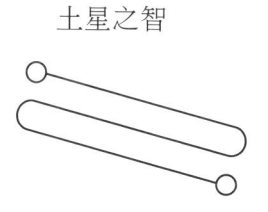

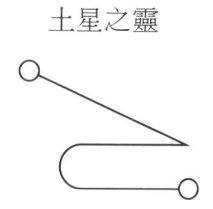

　　　土星　　　　　土星之智　　　　土星之靈

相應土星所屬數字的神聖諸名：

數字	神聖諸名	以希伯來文表示
3	父（Ab）	אב
9	侯德（Hod）	הד
15	神（Yah）	יה
15	侯德（Hod）	הוד
45	四字神名（Tetragrammaton）將字母拼音全寫出來的表現形式	יוד הא ואו הא
45	阿吉爾（Agiel），土星的智性	אגיאל
45	扎則爾（Zazel），土星的守護靈	זאזל

115

木星的查閱表

數字

4	14	15	1
9	7	6	12
5	11	10	8
16	2	3	13

希伯來字母

ד	די	הי	א
ט	ז	ו	בי
ה	אי	י	ח
וי	ב	ג	גי

印記或符號

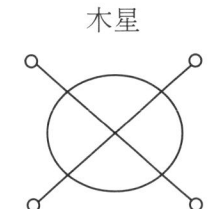

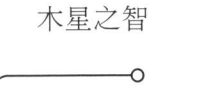

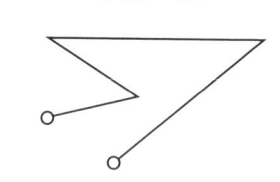

木星　　　　木星之智　　　　木星之靈

相應土星所屬數字的神聖諸名：

數字	神聖諸名	以希伯來文表示
4	父（Abba）	אבא
16		הוה
16		אהי
34	父神（El Ab）	אל אב
136	喬菲爾（Iophiel），木星的智性	יהפיאל
136	希斯邁爾（Hismael），木星的守護靈	הסמאל

火星的查閱表

數字

11	24	7	20	3
4	12	25	8	16
17	5	13	21	9
10	18	1	14	22
23	6	19	2	15

希伯來字母

יא	כד	ז	כ	ג
ד	יב	כה	ח	וי
יז	ה	יג	כא	ט
י	יח	א	יד	כב
כג	ו	יט	ב	יה

印記或符號

火星　　　　火星之智　　　　火星之靈

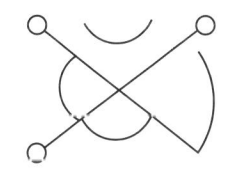

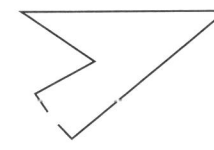

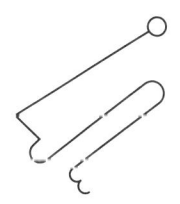

相應土星所屬數字的神聖諸名：

數字	神聖諸名	以希伯來文表示
5	希伯來字母 Heh，為四字神名的組成字母之一	ה
25		יהי
65	吾主（Adonai）	אדני
325	格菲爾（Graphiel），火星的智性	גראפיאל
325	巴扎貝爾（Bartzabel），火星的守護靈	ברצראל

117

太陽的查閱表

數字

6	32	3	34	35	1
7	11	27	28	8	30
19	14	16	15	23	24
18	20	22	21	17	13
25	29	10	9	26	12
36	5	33	4	2	31

希伯來字母

ו	לב	ג	לד	לה	א
ז	יא	כז	כח	ח	ל
יט	יד	יו	יה	כג	כד
יח	כ	כב	כא	יז	יג
כה	כט	י	ט	כו	יב
לו	ה	לג	ד	ב	לא

第 9 章：用行星方陣構建符印

印記或符號

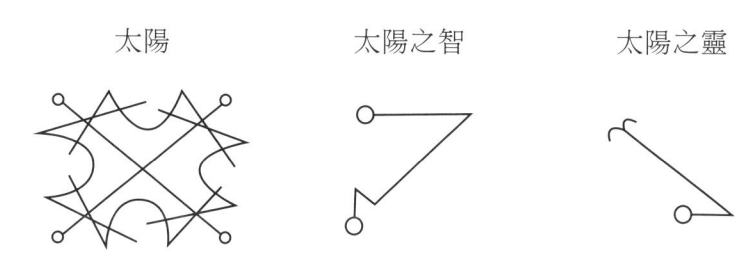

　　　　太陽　　　　　　太陽之智　　　　　太陽之靈

相應土星所屬數字的神聖諸名：

數字	神聖諸名	以希伯來文表示
6	希伯來字母 Vau，為四字神名的組成字母之一	ו
6	希伯來字母 Heh 的長音形式，為四字神名的組成字母之一	הא
36	神（Eloh）（譯註：係羅欣〔Elohim〕的單數名詞）	אלה
111	納基爾（Nakhiel），太陽的智性	נכיאל
666	索拉瑟（Sorath），火星的守護靈	סורת

金星的查閱表

數字

22	47	16	41	10	35	4
5	23	48	17	42	11	29
30	6	24	49	18	36	12
13	31	7	25	43	19	37
38	14	32	1	26	44	20
21	39	8	33	2	27	45
46	15	40	9	34	3	28

希伯來字母

כב	זמ	יו	מא	י	לה	ד
ה	כג	מח	יז	מב	יא	כט
ל	ו	כד	מט	יח	לו	יב
יג	לא	ז	כה	מג	יט	לז
לח	יד	לב	א	כו	מד	כ
כא	לט	ח	לג	ב	כז	מה
מו	יה	מ	ט	לד	ג	כח

印記或符號

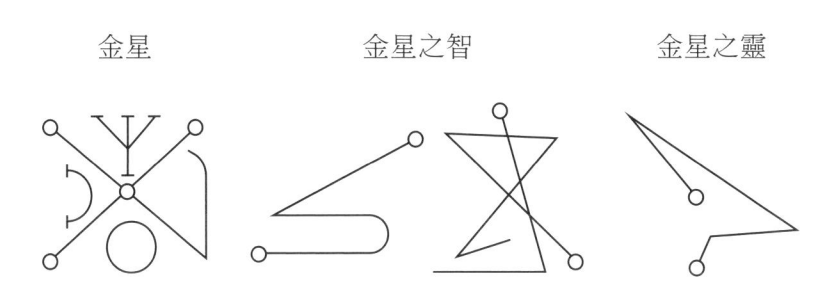

金星　　　　　　金星之智　　　　　　金星之靈

相應土星所屬數字的神聖諸名：

數字	神聖諸名	以希伯來文表示
7	啊哈（Aha）	אהא
49	哈吉爾（Hagiel），金星之智	הגיאל
175	凱岱梅爾（Kedemel），金星之靈	קדמאל
1225	焰蛇諸子（Beni Seraphim），即從屬金星的智能存在（Intelligences）（譯註：類似天使團的存在群體）	בני שרפים

水星的查閱表

數字

8	58	59	5	4	62	63	1
49	15	14	52	53	11	10	56
41	23	22	44	45	19	18	48
32	34	35	29	28	38	39	25
40	26	27	37	36	30	31	33
17	47	46	20	21	43	42	24
9	55	54	12	13	51	50	16
64	2	3	61	60	6	7	57

希伯來字母

ח	נח	נט	ה	ד	סב	סג	א
מט	יה	יד	נב	נג	יא	י	נו
מא	כג	כב	מד	מה	יט	יח	מח
לב	לד	לה	כט	כח	לח	לט	כה
מ	כו	כז	לז	לו	ל	לא	לג
יז	מז	מו	כ	כא	מג	מב	כד
ט	נה	נד	יב	יג	נא	נ	יו
סד	ב	ג	סא	ס	ו	ז	נז

122

第 9 章:用行星方陣構建符印

印記或符號

水星　　　　　　　水星之智　　　　　　水星之靈

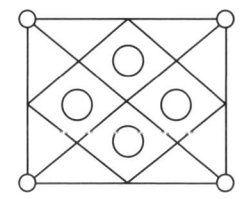

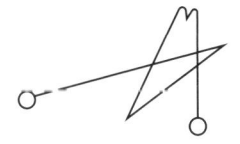

相應土星所屬數字的神聖諸名:

數字	神聖諸名	以希伯來文表示
8	阿思博嘎(Asboga),延長的數字8	אזבוגה
64	丁(Din)	דין
64	答尼(Dani)	דני
260	提律爾(Tiriel),水星之智	טיריאל
2080	塔夫薩薩瑞斯(Taphtartharath),水星之靈	תפתרתרת

月亮的查閱表

數字

37	78	29	70	21	62	13	54	5
6	38	79	30	71	22	63	14	46
47	7	39	80	31	72	23	55	15
16	48	8	40	81	32	64	24	56
57	17	49	9	41	73	33	65	25
26	58	18	50	1	42	74	34	66
67	27	59	10	51	2	43	75	35
36	68	19	60	11	52	3	44	76
77	28	69	20	61	12	53	4	45

希伯來字母

לז	עח	כט	ע	כא	סב	יג	נד	ה
ו	לח	עט	ל	אא	כב	סג	יד	מו
מז	ז	לט	פ	לא	עב	כג	נה	יה
יו	מח	ח	מ	פא	לב	סד	כד	נו
נז	יז	מט	ט	מא	עג	לג	סה	כה
כו	נח	יח	נ	א	מב	עד	לד	סו
סז	כז	נט	י	נא	ב	מג	עה	לה
לו	סח	יט	ס	יא	נב	ג	מד	עו
עז	כח	סט	כ	סא	יב	נג	ד	מה

印記或符號

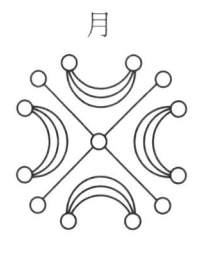

月

月之靈

月之最上靈

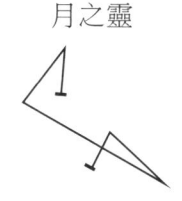

月之最上智性

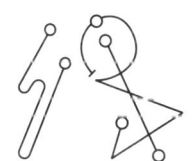

相應土星所屬數字的神聖諸名：

數字	神聖諸名	以希伯來文表示
9	侯德（Hod）	חד
81	以琳（Elim）	אלים
369	夏斯莫岱（Chasmodai），即月亮的守護靈	חשמודאי
3321	廞德（Shed Barshemath Sharthathan，中文譯名取其簡稱），月之最上靈（譯註一）	ברשמעתש שרתתן
3321	麥爾卡（Malka be-Tarshishim ad be-Ruah Shehaqim，中文譯名取其簡稱），月之最上智性（譯註二、譯註三）	מלכא בתרשיתים ברוח שחרים עד

譯註一：《祕術哲學》第二冊於此處使用的名詞是「眾靈之靈」（the Spirit of the Spirits），本書作者所使用的名詞是「至高惡魔」（Supreme Demon），此處中譯兼採兩者。

譯註二：《祕術哲學》第二冊於此處使用的名詞是「諸智之智」（the Intelligence of the Intelligences），本書作者所使用的名詞是「至高智性」（Supreme Intelligence），此處中譯兼採兩者。

譯註三：麥爾卡的希伯來名及英文名有多種拼法，此處係依本書作者呈現。

我們可用同一系統構建多個單一符印，例如用你的名字來做符印，若要這樣做的話，就需要將名字轉換成希伯來文，當然你得在這方面已累積一些經驗才行。一旦定出要製作符印之名字的數值，就可運用選定的行星方陣來製作符印。當然，同一名字在七個不同的行星方陣當中的圖案會完全不同。

現在，我們若要把某一特定符印之操作目的關聯到特定的行星領域，就可藉由這種構建方法**呈現該目的在所選行星領域的識別符號**。讓我們以某位名為梅林（MERLIN）的魔法師為例，以下是他的名字轉成希伯來文的拼法（書寫方向為由右至左）：

（字尾）				
NUN	YOD	LAMED	RESH	MEM
700	10	30	200	40

現在，這位魔法師想要進行一些攻擊性的魔法操作，例如某個魔法攻擊，因此他會選擇火星領域的行星方陣當成自己的基底矩陣，而其結果（在適當降解這些數值之後）如下所示：

＝梅林在火星領域的識別符號

他或許會在自己的魔法操作中將這符印與欲望字母表結合運用，或者將其整合到某個用字製法或圖製法做出來的符印等等。

不過，若他想要打贏官司的話，應會選擇木星領域，並用木星的行星方陣做出以下符印：

＝梅林在木星領域的識別符號

同樣的名字，只是裡面所含的行星振動頻率不一樣。我們也能運用同樣的作法，將那些欲望語句、力量之言等等目的，在經過數值轉換降解之後轉移到行星系統，並藉助行星方陣做出它們的符印。若你在行星魔法已有一些經驗，就會立刻認出此作法的無限可能性。

結語
Conclusion

我希望這本簡介所提供的實用提示，已足以讓你能自行探索符印魔法那令人著迷的寬闊領域。只是起步時請別抱持教條至上的態度。勇於嘗試、在自認必要之處做出改變，並不斷地尋求靈感以發展自己的技藝與方法。符印魔法係依靠魔法師的個體性而活出來，一字不漏地恪遵每條律法或規則的人在這領域通常進步很慢。儘管符印魔法的主要優勢之一是成功魔法領域，然而它也能為個人的靈性發展提供服務。它可以為我們打開全新的宇宙──無限多的經驗宇宙──並在最後引領我們回到魔法力量本身的源頭。

SALVE ATQUE VALE!
UBIQUE DAEMON ∴ UBIQUE DEUS ∴
（容吾於告別時向汝致敬！）
（「到處有魔，遍地有神」敬上）

〔譯註：這就是作者 Frater U∴D∴〔「均在」弟兄〕用來作為筆名〔應該也是法名〕的箴言〔motto〕。）

詞彙表
Glossary

A∴A∴、Astrum Argentum（銀星會）──阿列斯特・克勞利根據金色黎明赫密士教團的教導創立的魔法團體。

Abramelin system（亞伯拉梅林魔法系統）──這是一套頗具威力的卡巴拉魔法系統。該系統會需要你進行六個月的祈禱，完成之後，你就會達到「獲得自己的神聖守護天使所具有的知識且能與其對話」（the Knowledge and Conversation of Your Holy Guardian Angel）的境界。這位天使會提供關於如何控制諸惡魔的資訊，好使它們為你帶來你想要的任何事物。

Agrippa（阿格里帕）──海因里希・柯奈流士・阿格里帕・馮・涅特斯海姆（Heinrich Cornelius Agrippa von Nettesheim，1486-1535）是著名的煉金士、占星家與魔法師。其著作《祕術哲學三書》（*Three Books of Occult Philosophy*）被認為是西方魔法傳統的基礎著作。（譯註：其名海因里希或為亨利〔Henry〕。）

Aiwass-revelation（艾瓦茲啟示）──阿列斯特・克勞利於1904年「接收到」《律法之書》（*The Book of the Law*），係自稱艾瓦茲的

存在個體給予的啟示。此書用簡短三章描述當前紀元的結束與新紀元的開始及方法。

Aleister Crowley（阿列斯特・克勞利）──本名愛德華・亞歷山大・克勞利（Edward Alexander Crowley，1875-1947），係最重要也最具爭議的魔法作家與實修者之一。他原為金色黎明赫密士教團的會員，但後來離開了該教團並創立自己的魔法團體，也就是銀星會。後來他加入東方聖殿騎士團並成為其領袖。他的著作頗豐，而其魔法體系係將西方卡巴拉魔法結合東方譚崔、道家、佛教與瑜伽。

Chaos magic（混沌魔法）──這是近期崛起的魔法系統，專注於個人的符號象徵意義而非某個傳統體系。混沌（chaos）具實驗性且形式自由，會是我們可以從中汲取魔法力量的潛勢領域。

Dogmatic magic（教條魔法）──係指這樣的魔法種類：強迫習修者得要運用某些符號與系統，不論其個人實相是否有這些符號與系統。

Fraternitas Saturni（土星兄弟會）──這是位居德國的魔法組織之一，相當隱密，某些教義到最近才為人所知。

Hermetic Order of the Golden Dawn（金色黎明赫密士教團）──該組織係於1888年開始運作，於1900年陷入分裂與衝突。它的重要性在於將眾多魔法系統以獨有的方式組合成連貫的整體，其會員包括威廉・巴特勒・葉慈（William Butler Yeats）、亞瑟・馬

詞彙表

欽（Arthur Machen）、薩克斯・羅默（Sax Rohmer）、麥克葛瑞格・馬瑟斯、荻恩、佛瓊、阿列斯特・克勞利、伊瑟瑞爾・磊加棣、亞瑟・愛德華・偉特（A.E. Waite）及諸多他人。

IOT、The Magical Pact of the Illuminates of Thanateros（死愛盡悟者魔法聯盟）──該聯盟係習修混沌魔法的團體及個人之鬆散集團。

Koans（禪宗公案）──係為佛教的冥想方式之一，其過程中會向冥想者提出某個不具簡單答案的想法供其思考。最著名的例子就是「單手拍掌的聲音是什麼呢？」。

Lao-Tse（老子）──道家思想的創始者。

Master Therion（獸神大師）──阿列斯特・克勞利有好幾本重要的著作都是用這名字寫就，其中包括《魔法理論與實踐》（Magic in Theory and Practice）。

Mathers（馬瑟斯）──山謬・黎戴爾・麥克葛瑞格・馬瑟斯（Samuel Liddell MacGregor Mathers，1854–1918）係金色黎明赫密士教團的創始人之一，最後成為其唯一領袖。許多獨特且令人印象深刻的儀式與魔法技術都是透過他而來，其所翻譯與編輯的魔法書籍，包括《魔法師亞伯拉梅林的神聖魔法》（The Sacred Magic of Abramelin the Mage）、《所羅門大鑰》（The Greater Key of Solomon）與《卡巴拉揭密》（The Kabbalah Unveiled），已幫助許多人成為魔法師。然而他的獨斷專行本性導致金色黎明分裂，最後與阿列斯

特‧克勞利進行多次魔法戰。他死於第一次世界大戰之後那場震驚世界的流感大流行。

Nominalism（唯名論）──主張「抽象概念、一般性質或普遍性質不會有客觀的實相，僅以其名稱存在」的哲學思想信仰。

O.T.O.、Ordo Templi Orientis（東方聖殿騎士團）──該組織成立於1800年代末，自稱與聖殿騎士團（the Knights Templar）有所關聯，並將美生會的一些非主流傳統與性魔法結合使用。阿列斯特‧克勞利先是加入該組織成為會員，後來擔任該組織的領袖。他對其進行改造，以符合自己對魔法的想法，即所謂的泰勒瑪（Thelema）流派。近年來，有出現許多自稱是 O.T.O. 的團體。

Ten Sephiroth（十輝耀）──在卡巴拉神祕主義（還有新柏拉圖主義）當中，宇宙被認為是透過神識的接連放射而被創造出來。這些放射在卡巴拉（Cabbalah）當中被稱為「十輝耀」，並形成名為「生命之樹」（Tree of Life）的圖形。魔法師會運用該圖形進行個人發展及當成星光體旅行的關鍵資訊，還有建立用在魔法的事物對應方式。

Thelemic concept（泰勒瑪概念）──阿列斯特‧克勞利提出並推進的魔法體系。

Timothy Leary's and Robert Anton Wilson's circuits（提摩西‧立里及羅伯特‧安東‧威爾遜的意識八迴路）──如同我們不斷進化那樣，「我們的大腦迴路」（circuitry of our brains）也在進化。我們

具有八套迴路，均能透過各種不同方式開啟。達到更高的意識層次，能使個人擁有更為龐大的個人力量與魔法力量，並且也更能清楚覺察自己所在的宇宙。

　　Wicca（威卡信仰）──係古英語字彙，意思是「明智」（wise）。其原初發音為 Wee-Cha〔烏伊恰〕，係更為常見的單字 Witch（巫者、女巫、巫婆）的來源。許多巫者比較喜歡 Wicca 這個字彙，因為它沒有數百年來對於 Witch 此字的詆毀所帶來的一切負面含義。

註解
Comments

1. 只要思索幾世紀以來諸如阿斯塔蒂（Astarte，即伊絲塔〔Ishtar〕）之名有什麼樣的不幸發展，就會知道這是怎麼一回事：昔日的迦勒底月亮女神的名字，在中世紀被加上了尾綴「-oth」而變成男（！）惡魔亞斯塔祿（Astaroth）的名字。現今的召喚魔法師在遇到下列情況時也許會感到相當驚訝，亦即在召喚金星領域的凱岱梅爾（Kedemel）時，原本以為會召出男性的惡魔，結果卻突然出現女性的存在個體！（其實這很明顯，但誰會事先想到呀？）

2. 此文係重印自《獨角獸》(*Unicorn*)，第1/82期，第34-38頁。

3. 霍斯特・米爾斯（Horst E. Miers）在其著作《祕法技藝百科全書》(*Lexikon der Geheimwissenschaften*, Freiburg, 1970) 完全沒有提到斯貝爾，不過該著作在許多方面也普遍不甚完美。

4. 「另一位英籍撒旦祕術師則是奧斯汀・歐斯曼・斯貝爾。」摘自 *The Romantic Agony* (London, 2, 1970), p. 413, n.59。

5. 這裡使用的版本係加拿大重印本（Canadian reprint by 93 Publishing, Montreal, 1975）。

6. Kenneth Grant, *Images and Oracles of Austin Osman Spare* (York Beach, ME: Samuel Weiser, Inc., 1975).

7. 其一，希伯來字母都有對應的數字；其二，眾行星會有各自對應的行星方陣（camas，即魔法數字方陣）。例如，某行星智性的名稱先被轉換成數字，然後將對應該行星的魔法數字方陣當中的相關數字依序連接起來，最終就會形成一個符印。已故的伊瑟瑞爾‧磊加棣在《如何製作及使用護符》（*How to Make and Use Talismans*, Wellingborough, Northamptonshire, England: The Aquarian Press, 1972 ff）有詳細介紹這種作法。

8.「實用魔法」（Pragmatic Magic）一詞係由本書作者所創，係用於描述基於主觀的經驗主義，或不具先驗假設的個人經驗之魔法。與之相反的是「教條魔法」，會要求實修者相信許多事情，像是相信星光層面存在個體的階級制度、事物與魔法的對應性、靈知二元論等等。我們在此處並不是指實用魔法沒有這些概念，僅是將它們當成可能的解釋模型之一來看，就跟其他的等效解釋模型一樣。若實用魔法的魔法師不靠這些概念的協助而取得預期的效果，那麼他／她當然可以完全自由捨棄這些概念，因此不會被招搖撞騙之輩的「啟示」所影響。不過，在另一方面，他／她自然也不能聲稱自己的經驗是遍及四海皆準的「真理」。因此這可以——至少就理想情況而言——避免魔法實修者陷入那常在他們身上看到的狂妄自大心態。至於這些概念的詳細討論，就得等到日後有另一本更厚、更專業的專題書籍來涵蓋。

9. 在面對這樣的主題時，通常真正需要的是「說明」而不是「區別」，所以諸如關於接受（reception）的問題就無法在本書處理。（譯註：應指無意識在接受符印的過程可能出現的問題。）若說斯貝爾對實用魔法有直接的影響，這應算是誇大，倒不如說實用魔法實修者發現他也是自己人。我

們也不想宣稱盎格魯-薩克遜國家裡面已沒有教條魔法實修者,只是大家都知道,前面提到的作家都已被認為是英、加、澳及美等國在魔法方面的主流思想家。

10. 在實作上,用「我的意願就是……」(THIS IS MY WILL TO...) 來組合語句已被證明非常有效。當然,這部分還是可以依據喜好來更改,甚至換成完全不一樣的語句組合格式。不過,在實務上可以清楚看到,這樣的作法——每個符印都用相同的語句組合格式開始製作——會有好處,因為隨著時間經過,無意識似會以反射性地接受作為因應。

11. 雷·薛爾文以 IOT 前成員的身分在其優秀著作《魔法劇院》(*Theatre of Magick*, Leeds: The Sorcerer's Apprentice Press) 當中撰寫過類似的相關文章,並引入術語「閾態靈知」(Liminal Gnosis)。

12. 請與《空零之書》(*Liber Null*,York Beach, ME: Samuel Weiser, Inc., 1987) 提到「運用生理機制以達到靈知的方式」(The Physiological Gnosis) 的部分及其後續解釋(在該書第 33 頁及後續數頁)做比較。

13. Kenneth Grant, *Images and Oracles of Austin Osman Spare* (York Beach, ME: Samuel Weiser, Inc., 1975).

14. 順帶一提,即使在觀想或想像物體或人物時遇到困難,你還是可以建設性地利用這狀況。例如,若你沒法閉眼觀想長頸鹿,就請非常努力**不要**想起那動物。有的時候,這個簡單把戲會立刻解除無法閉眼觀想的狀況。

15. Ray Sherwin, *The Book of Results* (Leeds: The Sorcerer's Apprentice Press), p. 34.

16. 我或許應直接講明,羔羊皮紙(virgin parchment,譯註:字面意思是「處女薄膜或薄紙」)係用未出生的犢牛皮膚製造,並不像許多人以為的

那樣將極度赤貧的處女其處女膜曬乾而成！就經濟而言，將母牛宰殺或進行人工流產來製造這類紙張根本無利可圖，因此只有那些因故死亡、得進行安樂死亡或自然死亡的動物才能加以利用。這就是此款在西方魔法當中算是歷史最為悠久的商品之所以如此少見的緣故。因此，它的採購非常困難，特別是大多數國家的獸醫法規也對這商品的生產造成額外的阻礙。其主要的商業化供應來源為倫敦羊皮紙交易所（the London parchment exchange）。具有超薄紙樣外觀的它也有用於製作金箔，並被稱為「打金箔用皮」（goldbeater's skin）。

17. 彼得・卡羅所舉的例子裡面沒有字母 b，這明顯應是排版的錯誤，只是為了正確引用該例，所以我們沒予以更正。不過，整個範例不會因這個錯誤而被當成無效。

18. Kenneth Grant, *Images and Oracles of Austin Osman Spare*, p. 59ff.

19. Marcus M. Jungkurth, Zos Kia (Berlin: Stein der Weisen, 1983), pp. 256–264.

20. 請參考 Sujja Su'a'Nota 的文章："Die Sprache des Unbewußten, Anleitung zur Erarbeitung einer individuellen Ritualsprache" in *Unicorn*, III/82, pp. 137–141。

21. 例如可以參考 Sujja Su'a'Nota 的著作：*Element-Magie* (Bad Honnef: Edition Magus, 1983), pp. 51–56。

22. 請參考敝人的文章："Mythen in Tüten. Vom magischen Umgang mit Analogien" in *Unicorn*, XI/84, pp. 221。

23. Ray Sherwin, The Book of Results (Leeds: The Sorcerer's Apprentice Press), p. 32ff.

24. 請參見提摩西・達須・史密斯（Timothy D'Arch Smith）為法蘭西斯・巴瑞特（Francis Barrett）的《魔法師》所撰的導言（*The Magus*, Secaucus, NJ: Citadel Press, 1977. pp. vivii）。他在這方面的解釋有點難懂：那些需要使

用魔法方陣來排的數字，魔法師會依其先後順序（始終從左到右，從底行開始），將它們一一排進魔法行星方陣裡面。之後，他會就著那個行星方陣，將那些數字依其先後順序，用線條從起頭連到末尾。而就他在導言所舉的例子來看，其土星符印圖案相當令人信服，然其木星與火星符印圖案就得需要大量的想像力，才能從他所做出來的潦草圖案，認出相關文獻所給出的正確圖形。然而，達須‧史密斯的確有指出，為了使圖形能有或多或少的對稱，或許會先進行美學方面的一些修正。因此，即便他沒有為依循該作法的所有符印圖案做出令人信服的介紹（如果有的話，或許就能讓大家更加清楚他的工作步驟），其論點仍具有啟發與巧妙之處，無法完全捨棄不用。

參考書目

Aerosol. "Smuggling Sigils Across. Sigil Magic for the Professional Magician." *Chaos International*, 4 (1988) p. 10f.

Agrippa of Nettesheim. *De Occulta Philosophia*. Vol. 2, Köln, 1533.

Barrett, Francis, *The Magus or Celestial Intelligencer: A Complete System of Occult Philosophy*. Reprint with a new introduction by Timothy D'Arch Smith. Secaucus, NJ: Citadel Press, 1977.

Carroll, Peter. *Liber Null & Psychonaut*. York Beach, ME: Samuel Weiser, Inc., 1987.

Dukes, Ramsey. *Uncle Ramsey's Bumper Book of Magical Spells*. Unpub.

Frater U...D.... "Mythen in Tüten. Vom magischen Umgang mit Analogien." *Unicorn*, XI/84, pp. 221–229.

Grant, Kenneth. *Images and Oracles of Austin Osman Spare*. York Beach, ME: Samuel Weiser, Inc., 1975.

Jungkurth, Marcus M. *Zos Kia: Der Magier Austin Osman Spare* und die Magie des Voodoo. Berlin: Stein der Weisen, 1983.

Regardie, Israel. *How to Make and Use Talismans*. Wellingborough, Northamptonshire, England: The Aquarian Press, 1972.

Sherwin, Ray. *The Book of Results*. Leeds: The Sor cerer's Apprentice Press, n.d.

———. *The Theatre of Magic*. Leeds: The Sorcerer's Apprentice Press, n.d.

Spare, Austin Osman. *The Collected Works of Austin Osman Spare: His Art, Philosophy and Magic*. Ed. Christopher Bray and Peter Carroll. Leeds: The Sor cerer's Apprentice Press, 1982.

Su'a'Nota, Sujja. *Element-Magie: Ein praktischer Leitfaden*. Introduction by Frater U...D.... Bad Hon nef: Edition Magus, 1983.

———. "Die Sprache des Unbewußten. Anleitung zur Erarbeitung einer individuellen Ritualsprache." *Unicorn*, III/82, pp. 137–141.

若想寫信聯繫作者

如果你想連絡作者或想要了解更多關於本書的資訊,請寫信到原文書的出版社,Lliewellyn Worldwide 會代為轉交作者。作者與出版社都會樂意傾聽你的分享,並願意知曉你從本書得到的享受以及它對你的幫助。Lliewellyn Worldwide 無法保證寫給作者的每一封信都會得到回覆,但一定都會轉給作者。以下是收信地址及寄信方式:

Frater U∴D∴
c/o Llewellyn Worldwide
2143 Wooddale Drive
Woodbury, MN 55125-2989
請隨信附上一個貼妥回信郵資的信封以供回覆,
或附上美金1元用於處理回寄費用事宜。
若你是從美國以外的地方寄信的話,請隨信附上國際回信郵票券。

Lliewellyn 出版社的許多作者都有自己的網站,裡面會有額外的資訊與資源,詳情請參考 Lliewellyn 的官網:www.llewellyn.com。

Translated from
Practical Sigil Magic:
Creating Personal Symbols for Success
Copyright © 2012 Frater U.:D.:
Published by Llewellyn Publications
Woodbury, MN 55125 USA
www.llewellyn.com

實用符印魔法
打造屬於自己的成功符號

出　　版／楓樹林出版事業有限公司
地　　址／新北市板橋區信義路163巷3號10樓
郵政劃撥／19907596　楓書坊文化出版社
網　　址／www.maplebook.com.tw
電　　話／02-2957-6096
傳　　真／02-2957-6435
作　　者／UD弟兄
譯　　者／邱俊銘
企劃編輯／陳依萱
校　　對／周季瑩
港澳經銷／泛華發行代理有限公司
定　　價／400元
初版日期／2024年9月

國家圖書館出版品預行編目資料

實用符印魔法：打造屬於自己的成功符號 / UD弟兄作；邱俊銘譯. -- 初版. -- 新北市：楓樹林出版事業有限公司, 2024.09　面；公分

ISBN 978-626-7499-23-8（平裝）

1. 符咒　2. 咒語

295.5　　　　　　　　　　113011365